ビジネスマン「身だしなみ」向上委員会

明日のスーツ、いつもと同じでいいの？

宮崎俊一
松屋銀座紳士服シニアバイヤー

講談社

はじめに

松屋銀座、紳士服バイヤーの宮崎俊一です。

２０１１年に刊行した『成功する男のファッションの秘訣60』（講談社刊）にはじまり、これまで3冊の拙著を通じて、メンズファッションについて私なりの提案をしてきました。ここ数年は、講演会や企業でのファッションコンサルティング業務をする機会も多く、これまで以上にビジネススタイルの問題点について具体的な答えを求められるようになってきました。

紳士服には明確なルールがあり、礼儀と節度を守るだけで、好印象を持ってもらえると説いた書籍は、拙著を含め、これまで数多く刊行されています。しかしながら、現実では、スーツはただの作業服と考え、毎日何の疑問も持たず、雨が降ろうが雪が降ろうが、大事な取引のときにも「いつもと同じでいいか」と思っている方が少なくありません。

「スーツさえ着ていれば、それでＯＫ」

あなたは、こんなふうに考えていませんか？　こうした考えが、確実に成功を遠ざけているということに気づいていない方が非常に多いという現実。それではあまりにももったいないです。身だしなみに気を配ることは、必ずあなたのプラスになります。加点とまでいかずとも、何も言葉を交わさないうちから減点されることは決してないのですから。

本書では、私が販売の現場で、実際にお客様から受けるご質問を内容ごとに分類し、質問された頻度の高い順に章としてまとめてみました。シーン別のスーツの着こなし方、スーツを買うときのポイントといったことから、出張時のスーツケースの中身まで、多くのビジネスマンが抱えている日々の小さな疑問、あるいは非常事態に直面したときの服装や対処法について、これまでの私の経験をもとに「これなら間違いない！」という答えを提案させていただきます。

コーディネートの提案に留まらない、生地の品質や既製服の価格設定の裏側まで、「何もそこまで知らなくても……」と思われるかもしれないことも、あえて紹介しました。疑問に答えるためには、そこまで説明しないと納得いただけないからです。どれも私自身が「どうすればいいのか」「何がベストなのか」を模索して辿り着いた解決策ばかりです。

ひとりでも多くの方に、「いまいちイケてないかも……」と思いながらではなく、自信を持って仕事に臨めるようになっていただきたい、そんな想いも込めています。

ビジネスの基本は相手への気配り。相手も自分も快適な身だしなみこそが、成功への近道です。本書が少しでもあなたのビジネスのお役に立てれば本望です。

『ビジネスマン「身だしなみ」向上委員会』もくじ

質問頻度 第1位

ビジネスシーン別「こんなとき、何を着ていけばいい？」

質問頻度
第2位

今さら聞けない、買うときの「どうすればいいの？」

質問頻度 第3位 服のお手入れ「どうするのが正解？」

質問頻度

第4位

「出張の達人はどんな裏ワザを使っているの？」

質問頻度 第1位

ビジネスシーン別「こんなとき、何を着ていけばいい?」

Q 01

ビジネスの重要なシーンにおける成功スーツとは？

契約・交渉に臨むとき、取引先の信頼を得る服装は？

ビジネスパートナーとして
ジャッジされる場面。
好印象なのは、相手を引き立てる
控えめな装いです

A

上質な生地のネイビースーツであれば間違いナシ

契約や交渉ごとというのは、この先、数年間、数十年間にわたって、あなたが〝ビジネスパートナーとして一緒に仕事をする価値があるかどうか〟を取引先にジャッジされる場面です。その場に臨む服装は、自分を前面に出さず、**相手を引き立てる控えめな装いであること。ここが最も重要なポイントです。**

「相手を引き立てる控えめな装い」は、やはり、無地のネイビースーツです。2つボタン、または3つボタン段返りの**上質な生地のネイビースーツは、最も特別なアイテムとして押さえておいてください。**数名で契約や交渉の場に臨む場合、立場が上の方は、ネイビーのストライプ柄も候補に入れていただくといいかと思います。ストライプの間隔が1～1・5㎝のグレーのピンストライプなら、間違いのない選択。落ち着きがあり、誠実な印象を与えながら、ビジネスに対する攻めの姿勢をアピールすることができます。

ワイシャツはセミワイドカラーの白で、ポプリン（ブロード）生地のものがおすすめです。そして、ネイビーに白のドット柄のネクタイを合わせるのが、この場合には ふさわしいと思います。ドットの間隔は7～8㎜のものがベスト。間隔が大きくなるとカジュアルに、小さすぎるとフォーマルになります。

本来、こういった場では白い麻のポケットチーフをTVフォールドできちんと入れるべきですが、日本のビジネスシーンにおいては、チーフをファッション要素の強い〝着飾るアイテム〟と考えている方が少なからずいらっしゃるので、注意が必要です。相手が保守的で堅い人、またはそのような業種の方なら、チーフはしないほうが無難でしょう。

トートバッグに契約書⁉　それだけで信用台無し

実は、**契約・交渉の場においてスーツ以上に大切なのが鞄です。**以前、取引先の若手社員が、契約書をクリアファイルに入れ、ポイッと自分のトートバッグに入れるのを見て唖然としました。「重要な書類を、大切に扱う」という姿勢が全く見えません。それまで築いてきた信頼関係が台無しです。「ちょっと、待って」と、思わず引きとめて、会社の代表として取り交わした契約書を、どう扱うべきかを説明しました。

ビジネスシーンでは、相手に安心感を与えることが極めて大切です。契約・交渉の場に持っていく鞄には、ジッパー等で口が閉じるブリーフケースを選んでください。トートバッグを使っているビジネスマンをよく見ますが、ふたのないトートバッグは大切な書類などを紛失する危険があり、完全にNGです。理想は鍵のかかる革のダレスバッグかアタッシュケース。最近は革の鞄自体が敬遠されて少なくなっていますが、契約を交わす機会が多いならば、ぜひ持っていていただきたいアイテムです。

これで解決

- 無地のネイビースーツに、白のワイシャツ、ネイビーに白のドットタイ
- トートバッグはNG。ジッパーなどで口が閉じるブリーフケース

Q 02

ビジネスの重要なシーンにおける成功スーツとは?

謝罪に行くときに
どんな服装で行けば、
誠意を伝えられますか?

謝罪の場に必要なのは
相手の怒りを鎮火する「消防服」。
普段から着て、体に慣らしておきましょう

A

謝罪の服の第一条件、服装が印象に残らないようにする

謝罪というのは不測の事態です。お詫びの装いは「消防服」と考えて、いつなんどきでも着られるようにしてください。重要なのは普段から着て、体に慣らしておくこと。「謝罪」という慣れない場に、着慣れない服を着て行くとピンチを招くことになりかねません。

例えば、業務上の事故や産地偽装などの謝罪会見を思い出してください。そこは、絶対に加点されることはなく、減点しかない厳しい戦場です。謝罪をする人間は、できる限り目立たないようにすること、だらしない印象を与えないようにすることで、減点ポイントを最小限に留めなくてはいけません。派手なネクタイやゴージャスな腕時計をしている人間が謝っても、「本当に反省しているのか？」と思いますよね。**伝えたいのは真摯《しんし》な態度と誠意ある言葉ですから、服装が相手の印象に残ってしまったら負けになります。**

私はこれまで300本以上の謝罪会見を見て、お詫びの服装の研究をしてきまし

た。公の会見までいかなくても、仕事で重大なミスを犯し、先方へ謝罪に行く場合なども同じです。その結果たどりついたポイントを、アイテムごとに説明しましょう。

お詫びの服装のポイント

■スーツ　チャコールグレーまたは濃紺の無地でシングルの2つボタン、または3つボタン段返りの一番シンプルなもの。柄物やダブルのスーツなどはNG。

■ワイシャツ　色は白。襟型はセミワイドで生地はポプリン（ブロード）の長袖。ボタンダウンはカジュアル感が強いので絶対NG。

■ネクタイ　グレーか紺の無地。または、柄が特定できないような目立たないグレーの小紋柄。プリントものやサテンなど光沢のある生地はNG。

■靴下　色はスーツの色に合わせる。膝までくる長さの靴下を履いて、座ったときにすね毛が見えないようにすること。

■ベルト　黒の牛革（カーフ）。バックルはシルバーのシンプルなピン式。ブランドロゴが入っているバックルや、ワニやオーストリッチなどのエキゾチックレザーはＮＧ。

■靴　黒の内羽根のストレートチップが、冠婚葬祭などどんな場面にも対応する「万能フォーマルシューズ」としてベスト。ローファーなど紐のない靴は絶対に避けること。

■時計　シンプルなデザインで、シルバーに黒の革ベルトが理想。ステンレスベルトも許容範囲だが、デザイン性の高いものはＮＧ。ケースの直径は38㎜以内、ケースの厚さは8㎜以内。『Ｇ－ＳＨＯＣＫ』を代表とするデジタル時計や樹脂のベルトのスポーツウォッチはＮＧ。ブランドがひと目でわかるようなものも不可。

■アクセサリー　装飾品は、結婚指輪以外一切つけない。

汗は拭かない。かかない

謝罪の言葉を述べるというのは緊張するものです。緊張すれば汗をかきます。でも、〝汗を拭く〟という行為は、心からの謝罪が、ポーズととられかねません。または、「そんなに汗をかくなんて、まだやましいことがあるのではないか」と思われる可能性も。なにせ相手は減点しかしないのですから。

謝罪の場では、汗は拭かない、これが鉄則です。とはいえ、ダラダラ流れていると、相手に不快感を与えるので、3~4時間前から水分を控え、できるだけ汗をかかない準備をしましょう。それでも心配なら、背中全体に発熱時に使う冷却シートを貼ってください。と、ここまでするのは特別な場合です。私が相談を受けているある企業では、冷却シートを10枚くらい貼って、謝罪会見に臨んでいます。謝罪会見のための練習部屋があり、本番と同じ室温にして練習をされています。会社を背負った会見であり、そこまでしないと企業の価値を守れないのです。謝罪を軽く考えてはいけません。今回はこうなってしまって謝るけれど、次に新しい関係へとつなげるための大事な場面なので、服装には細心の注意を払う必要があります。

Q 03

ビジネスの重要なシーンにおける成功スーツとは?

大事なプレゼン。自信を持てるスーツで臨みたい

自分を前面に押し出す場面。
メリハリのあるVゾーンで
説得力をアップさせましょう

A

主役は自分。光沢感や色使いで、嫌みのない自己主張を

企業の新製品発表会や新しい職場への着任の挨拶などの場面では、「印象に残す」というのが第一目的。主役は自分自身です。**自分の存在感をアピールすることが服選びのポイントになります。**ここでは、前向きで折り目正しい印象を与えるための服装についてお話しします。

色はネイビー、チャコールグレーどちらでもかまいません。むしろ、**存在感を出すためには「光沢感」が重要**なので、色よりも生地にこだわってください。具体的には、自然な光沢が出て、近くにいる人だけでなく、遠くにいる人にも存在をアピールできるモヘア混やシルク混のウールがおすすめです。冬なら、少し起毛感のある生地を選ぶのもいいでしょう。

より堂々とした印象を与えたいときにおすすめなのは、スリーピースのスーツです。Vゾーンが狭くなるので、引き締まった感じになってネクタイとワイシャツが際立ち、強い印象を与えることができます。

ワイシャツは白無地なら間違いないですが、光の当たり方によって柄が見えるドビー織りなどの織り柄が入ったものだと、華やかさを演出するのに非常に有効です。また、立って話す場合は、意外と手元が目立つので、ダブルカフス＋カフリンクスで視線を効果的に引きつけましょう。ただし、悪目立ちする派手なカフリンクスではなく、シルバーでシンプルなデザインのものにしてください。

ネクタイは、派手ではないけれど見栄えのするものが理想です。単純に派手な色で目立つよりも、落ち着いた色のペイズリー柄やコントラストのはっきりした小紋柄などを選ぶと見栄えがよく、結果的には強い印象を与えることができます。

コーポレートカラーでさりげなくアピール

自社の製品をアピールするときには、**コーポレートカラーやイメージカラーを服やネクタイの一部に入れると、無理なく自然にアピールできます**。以前、大手自動車メーカーの社長から依頼を受け、モータースポーツのイベントでポロシャツの上に着るジャケットについて相談を受けました。ジャケットの生地に、明るい色のコーポレートカラーが大きめのチェックとして入ったグレーの生地を提案したところ、「いろんな人に褒められたよ」と喜んでくださいました。

つまり、明るい色のコーポレートカラーでも使いようによっては生かせる、ということです。ただし、スーツの生地選びとなるとテクニックが必要。難しいのであれば、ネクタイやチーフで取り入れるのでも問題ありません。特に、チーフで取り入れるのがおすすめです。

これで解決

- 光沢感のあるモヘア混やシルク混のスーツ
- 織り柄の入った白のワイシャツ
- 落ち着いた色のペイズリー柄やコントラストのはっきりした小紋柄のタイ

Q 04

ビジネスの重要なシーンにおける成功スーツとは?

相手への敬意が伝わる接待の装いは?

意外とおろそかになりやすい足元。
脱ぎ履きしやすい靴で臨みます

A

上着を脱いだときに差がつくスリーピース

取引相手との距離を縮めて信頼関係を作り、仕事を進めやすくするのが接待の目的。くれぐれも、遊びの集まりではないということを肝に銘じてください。ここでは、接待する側の服装についてお話しします。

接待の席で着るスーツは断然、スリーピースがおすすめです。 上着を脱いだとき、ワイシャツ一枚かベストを着ているかで、全く印象は違います。特に、自分より年齢や役職が上の方への敬意を払う席で威力を発揮します。上着を脱ぐように促されたとき、ワイシャツ一枚になるのは何となく気が引けますが、**ベストを着ていれば失礼にならず、目上の方にも好印象を持っていただけます。**

相手が同格以下の場合でも、ベストがあるだけでビジネスマンとしての貫禄と余裕を示すことができます。季節によっては暑い場合もありますが、あくまで仕事と考えてがまんしてください。がまんするだけの意味がある、それがベストの威力です。

新規契約のお礼などの接待では、相手の企業のコーポレートカラーやイメージカラーの入ったネクタイやチーフをさりげなくつけるのも効果的。ただし、謝罪するための接待では、わざとらしくなるので避けてください。逆に、自社のコーポレートカラーを身につけると、会社への愛着を示すのに有効です。

お客様からの要望でよくあるのが、パンツの裾を短めに上げたり、ワタリ（太もも幅を少しだけ広くする、というものです。そもそも**「ハーフクッション」**（パンツの裾**が靴の甲に触る程度の長さ）で裾上げしたパンツは、お座敷で裾を引きずることはありません。ワタリ幅を広くするのは正座やあぐらをかいたときにキツくならないための対策です。**これも接待のときの服装のポイントといえます。

思わぬところに落とし穴！　靴下にも気を抜かない

接待のための服装を考えるときに、意外とおろそかになりがちなのが靴下です。お座敷のある和食店や料亭は接待の定番。当然、靴を脱ぎます。そのとき、靴下のかかとが薄くなっていると、すぐにわかります。万が一にも穴が開いていたら……大失態。信頼は失われ、その人の人格さえも疑われます。

接待の日の朝は、新しい靴下をおろして履く、これくらいの気持ちで臨んでください。急に決まった場合に備えて、会社に新しい靴下を用意しておく方法も。新しい靴下といっても、靴にすっぽり隠れてしまうインヴィジブルソックス（靴に隠れて素足に見える靴下）は論外です。ビジネススタイルにふさわしいソックスとはいえません。

もうひとつ、よく聞かれるのが「どんな靴がいい？」という質問です。私は、ビジネスシーンでの基本は紐靴と思っていますが、接待に関しては別。接待をする側は、先にお座敷に上がり、出るときも最初に出ます。そのときにサッと履いて次のアクションに移れるのがスマート。スーツにも違和感なく似合う、**履き口が小さくて少しロングノーズのローファーや、タッセル付きのスリッポンシューズなどを接待用の靴として用意する**ことをおすすめします。

これで解決

- 上着を脱いでも失礼にならないスリーピーススーツ
- 接待の日は、新しいビジネスソックスをおろす
- スーツにも似合うデザインのローファーなど、脱ぎ履きしやすい靴

Q 05

略礼服の代わりに黒のスーツを着ても大丈夫？

黒のスーツと略礼服は全くの別もの。
黒のスーツで代用することは、
社会人として通用しません

A

略礼服と黒のスーツ、見比べると黒の濃さが全く違う

「黒のスーツを略礼服として代用していいか」という質問は本当に多いです。これまで、何度も受けてきました。結論から言いますと、**黒のスーツを略礼服として着用するのはNGです**。第一に「黒さ」が違います。**略礼服の隣では、黒と思っていたスーツがグレーに見えるほど、その差は歴然**。親族の喪の席だとしたら……、間違いなく大恥をかくことになります。

略礼服は仕事では着られないし、黒いスーツをお葬式で着ることはできません。つまり、**略礼服とビジネススーツは兼用できない**、ということです。社会的に通用しませんので、**社会人になったら、絶対に略礼服は必要です**。略礼服を着る機会は、どなたにも必ず訪れます。ちなみに、礼服や略礼服に使われる黒い生地は、ただの黒ではなく、「スーパーブラック」といって、何度も染め直して真っ黒にしたもの。略礼服は黒が濃いほど高級になります。

略礼服の基本は、上着はシングルの2つボタンでノーベント。ダブルもあります

が、前身ごろが重なっているので、夏は暑くて着られません。パンツの裾はシングルです。**綾織りの生地を選び、背抜き（背中に裏地がない）にすると、オールシーズン着用できます。**

ワイシャツが白、ネクタイは黒、というのはご承知の通りだと思いますが、駅の売店で売っているようなポリエステル素材のネクタイはやめてください。シルクの黒無地のネクタイでないと、略礼服の格まで下げてしまいます。

靴は黒のカーフ素材で、内羽根のストレートチップかプレーントゥ。紐がなくてもいいですが、茶色の靴はNG。装飾品は一切禁止なので、チーフはいりません。たまに黒のチーフをされている方がいますが、間違いです。腕時計と結婚指輪以外のアクセサリー類ははずしてください。

注意していただきたいのが、**ネクタイのディンプル（エクボ）。これも装飾とみなされるので、作らないようにします**。知らずに入れている方は要注意です。

靴下は、黒のシンプルなものを履きます。できれば新しいものをおろしてください。人生の大切な場面であれば、なおさら。穴が開いていて恥をかくと大変です。

Q 06

上司として結婚式に招かれた場合のネクタイは？

格調高いシャンパンゴールドの
ネクタイなら、
あらゆる年齢の参列者に好印象。
結婚式の万能ネクタイです

A

披露宴はダークスーツ、二次会はスマートカジュアルで

ひと口に結婚式（結婚披露宴）への参列といっても、新郎新婦との関係、参列者の年齢・社会的地位（会社での役職）、会場の格式、地域によって、着るものは変わるので、ここでは一般論をお話ししていきます。

白無地のワイシャツに、シルクサテン素材のシルバーグレーネクタイで間違いありませんが、**まわりにちょっと差をつけたいなら、シャンパンゴールドのネクタイも格調高く見えておすすめです。**ゴールドといってもキラキラ光るものではなく、光沢のある濃いめのベージュといった色みですから、主賓として招かれた場合やスピーチをする場合には、好印象を持っていただけるはずです。

上司として呼ばれる場合には、スリーピースかダブルのスーツ。白いワイシャツにシルバーかシャンパンゴールドのネクタイを合わせるのが、ちょうどいいと思います。ネクタイは、**光沢のあるストライプやドット、小紋柄でもOK。**主役はあくまで新郎新婦なので、大きな水玉や花柄など、主張の強い柄は避けてください。

結婚式の参列にふさわしくないネクタイは、ウールやカシミアなど起毛感のあるもの。フォーマルではないので、ここではナシです。また、アニマル柄は殺生を連想させるため、マナー違反とされています。

結婚式の二次会は、ドレスコードでいう「ダークスーツ」までいかなくても、「スマートカジュアル」でいいでしょう。披露宴と二次会を兼ねたレストランウエディングも「スマートカジュアル」でいい場合が多いですが、会場によって異なりますので、迷ったら直接会場に「ドレスコードはありますか?」と問い合わせてください。必ず教えてくれます。**会場の格に合わせた服装で出席すると間違いありません。**

これで解決

- ■無難にいくならシルバーグレーのタイ
- ■シャンパンゴールドで脱マンネリ
- ■ストライプ柄や小紋柄もおすすめ

Q 07

取引先からの招待状①

「ブラックタイ」と書いてあるときはどんな服装で行けばいいの？

「ブラックタイ」＝タキシードです。
めったに着る機会がないならリースでOK。
一番大切な主催者への挨拶は、
混む前に行って先にすませてください

A

最近、よく質問されるのがドレスコードについてです。ドレスコードとは、服装の規則。会場の雰囲気を損なわないように、参加者が配慮すべき服装のマナーです。ドレスコードがある場合は、招待状に記載されていることが多いですが、もし、記載されていなかったら、会場であるホテルやレストランに問い合わせてください。ドレスコードというのは、主催者が決めるよりも、開催される場所の格式に従うことが一般的だからです。

一般的には最もフォーマル度の高い準礼装、タキシード

ブラックタイは、男性の夜の準礼装に用いられる黒の蝶タイを指します。つまり、ドレスコードのブラックタイは、タキシードの装いのことです。アメリカ英語でタキシード、イギリス英語ではディナー・ジャケットと言い、基本的には18時以降の夜の礼装になります。ちなみにホワイトタイは、男性の夜の正礼装に用いられる白い蝶タイで、燕尾服を指します。

ブラックタイの上着とパンツは、黒か濃紺が正式な色です。濃紺は、ミッドナイト

ブルーという言葉があるように、夜の光の中では深い黒に見えるため、正式なものとして認められています。上着はシングルとダブル、ピークドラペル（剣襟）とショールカラーがありますが、1着だけ買うとしたら、一般的なシングルのショールカラーをおすすめします。

シャツはタキシード専用のウィングカラー。胸元に縦方向に入ったピンタックは、入っていても入っていなくてもお好みで大丈夫です。

パンツはベルトではなく、サスペンダーで吊るのが一般的で、サスペンダーを見せてはいけないのでカマーバンド、またはベストを着用します。カマーバンドはひだを上向きにつけるのが正解。たまに逆につけている方を見かけますが、あれは恥ずかしい。いいスピーチをしたとしても、台無しです。

ポケットチーフは麻の白。シルクが正解ではないので、お間違いなく。入れ方はTVフォールドもいいですがスリーピークスのほうが華やかで、正式になります。

それ以外の小物（靴、靴下、ベルト、サスペンダーなど）は全て黒で揃えます。靴はエナメルのオペラパンプスか、内羽根のプレーントゥが正式ですが、最近は黒カーフのストレートチップでもよいとされています。履きなれないオペラパンプスでぎこちなく歩くより、履きなれたストレートチップでスムーズに動けるようにするほうが無難です。

コートが必要な時期は、黒か紺のチェスターフィールドコートを。たまに、**ブラックタイにコットンのトレンチコートを着て、クロークに預けている人がいますが、あれはかなり恥ずかしい。**トレンチはもともと軍用ですから、フォーマルな場に着ていくことはあり得ません。また、ブラックタイの着こなしで電車に乗るのも無粋です。タクシーを利用するか、会場の控え室で着替えましょう。

ここまでご紹介しましたが、タキシードをめったに着ることがないのであれば、リースをしてもいいと思います。とはいえ、借りるのにも4万〜5万円はかかるので、買うかどうかは悩ましいところです。

これで解決

■黒か濃紺のタキシードの装い
■靴はオペラパンプス、または内羽根のプレーントゥ

ブラックタイのディテール

タキシードシャツ
タキシード専用の胸にプリーツの入ったもの。袖は必ずダブルカフス。

タキシードタイ
ウィングカラー、またはダブルカラーの襟元には、必ず黒のボウタイを結ぶ。

ポケットチーフ
麻の白をスリーピークスかTVフォールドで入れる。シルクはNG。

タキシード
黒か濃紺が正式な色。濃紺の場合は襟と側章に黒が使われる。

ポイント 01
オニキスのスタッズ
取り外しができる飾り胸ボタン。オニキスが正式。

ポイント 02
オニキスのカフリンクス
カフリンクスもオニキスが正式で、スタッズとお揃いに。

ポイント 03
パンツの裾はシングル
フォーマルなスタイルでは、裾は必ずシングルで。

オペラパンプス
オペラパンプスか黒のカーフの内羽根のプレーントゥが正式。

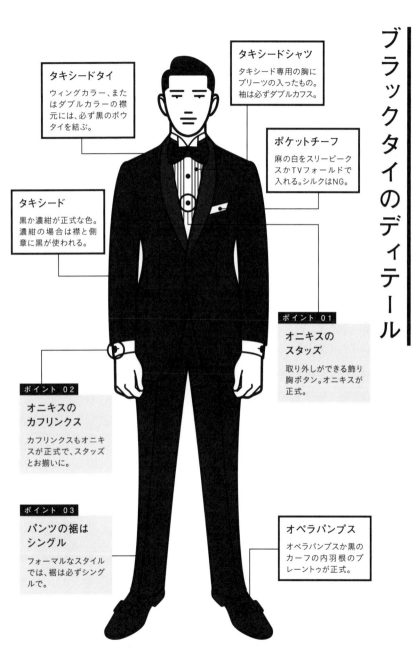

Q 08

取引先からの招待状②

「ダークスーツ」と書いてあるときはどんな服装で行けばいいの？

ビジネスでも着られる
濃い色のスーツで問題ありません。
いつもよりもランクアップして
着るのが成功のコツです

A

フォーマル度やや高め。「スマートエレガンス」とも

ブラックタイの次にフォーマル度の高いドレスコードが、ダークスーツ。「スマートエレガンス」ともいいます。**ビジネスでも着られるダークスーツをベースに、普段よりワンランク格上げした着こなし**を考えてください。

スーツは、濃紺やチャコールグレーと決まっています。できれば、光沢感が出るシルク混、カシミアやモヘア混の生地がいいですね。派手なストライプやチェック柄はNGですが、織り柄として入っているシャドーストライプなどは華やかになるので、ここではOKです。

ワイシャツは白のポプリン（ブロード）のドレッシーな生地のものを選んでください。襟はセミワイドを選べば間違いありません。

靴は、黒のカーフで、内羽根のストレートチップがマスト。外羽根タイプや、茶色、スエードの靴は、カジュアルな要素が強いのでNGです。

ネクタイは光沢のあるシンプルなもので、例えばシルクサテンや無地のツイルで、

ネイビーやシルバーなどのシックな色のものがおすすめです。ビビッドな色のものは、この場面にはそぐわないのでNGです。柄が小さすぎないシルバーのグレンチェックのネクタイなら、非常にエレガントに映ります。ただし、柄が小さすぎるとフォーマルになってしまうのでご注意ください。全身の色を抑えている代わりに、スーツにもネクタイにも光沢がある、そこがポイントです。

ポケットチーフは麻の白をTVフォールドで入れます。他のアイテムが抑えぎみな分、チーフの白が効果的に映えるので、普段チーフをしない人も、ぜひ挑戦してください。

これで解決

- ■濃紺、またはチャコールグレーのスーツ
- ■ポプリンなどドレッシーな生地のセミワイドカラーのワイシャツに、シックな色みのネクタイ
- ■靴は黒のカーフ、内羽根のストレートチップ

ダークスーツのディテール

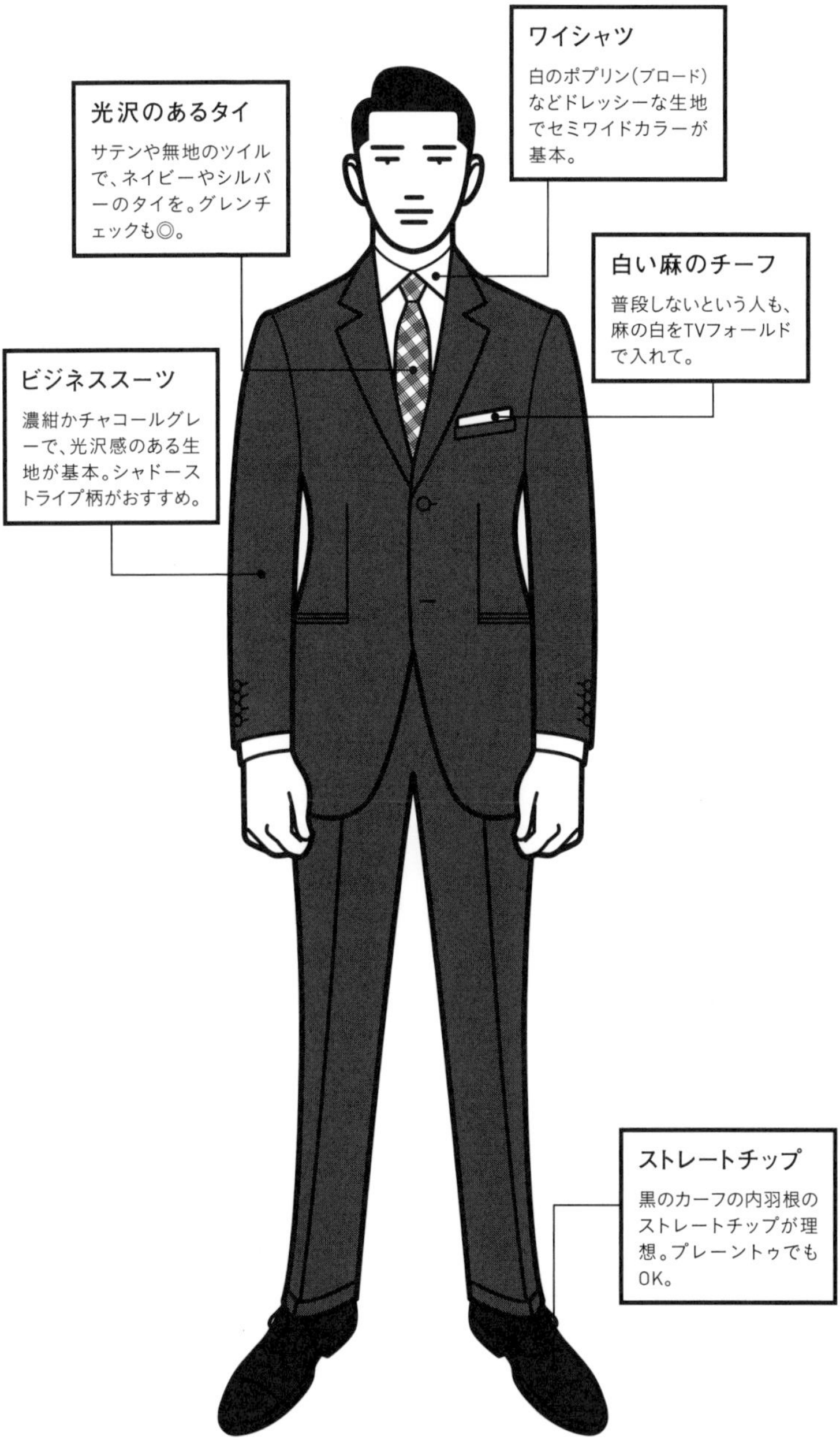
光沢のあるタイ
サテンや無地のツイルで、ネイビーやシルバーのタイを。グレンチェックも◎。
ワイシャツ
白のポプリン(ブロード)などドレッシーな生地でセミワイドカラーが基本。
白い麻のチーフ
普段しないという人も、麻の白をTVフォールドで入れて。
ビジネススーツ
濃紺かチャコールグレーで、光沢感のある生地が基本。シャドーストライプ柄がおすすめ。
ストレートチップ
黒のカーフの内羽根のストレートチップが理想。プレーントゥでもOK。

Q 09

取引先からの招待状③

「ビジネスアタイア」と書いてあるときはどんな服装で行けばいいの？

「ビジネスアタイア」の「アタイア」とは「装い」という意味。
普段のスーツでOKです。
小物使いで装いを格上げします

A

仕事服に小物アレンジで差別化を

「ビジネスアタイア」って聞いたことありますか？ 5年ほど前から耳にするようになった言葉ですが、平たく言うと、普段着ているスーツのことになります。**基本は、手持ちのビジネススーツにタイドアップでOK。**とはいえ、普段の仕事着のままでは、ドレスコードの意味がないので、昼間のスタイルから少しアレンジする、と考えてください。

スーツは、無地以外でも、ピンストライプやチョークストライプのものなら問題ありません。チェック柄のスーツは絶対にNGとはいえませんが、あえてここで着る必要はないでしょう。

ワイシャツは、白の他に、サックスブルーの無地や目立ちすぎないストライプがおすすめです。ボタンダウンやチェック柄は避けてください。たまに、アレンジがききすぎてタータンチェックなどのワイシャツを着ている方がいますが、完全にNGです。ここでは、あくまでビジネスシーンで着ることができる範囲内と覚えておいてください。

何を着るか迷ったら、手堅いアイテムでまとめる

靴は、茶色でもＯＫです。手堅く装うのならば、黒のカーフで内羽根の紐のついている靴であれば間違いありません。ダメなのは、ローファーなどの紐がついていないものや、外羽根の靴です。スエードも避けてください。繰り返しになりますが、**会社の代表としていく大事な場には、黒の内羽根の靴**と覚えておいてください。

「いつもの格好からアレンジすればいいんでしょ」と安易に考えて、最も失敗しがちなのがネクタイです。ビビッドな色、例えばイエローやオレンジ、グリーンのネクタイは、「ビジネスアタイア」と指定された場にふさわしくありません。この場合はジャカードやプリント柄でシックな色のものを選ぶべき。秋冬ならば、スーツの生地と風合いの合うウールやカシミアのタイを合わせれば、洗練された印象を演出できます。

ウール系のネクタイがない、という方は、プリントのネクタイを。無地のシルクの生地にプリントしているので発色がよく、格上げできます。柄は、正統派の小紋柄や

小花柄がおすすめです。

何事も過ぎたるは及ばざるがごとしで、**過剰なアレンジはしないこと。**「普段のスーツをアレンジする」となると、どうしても派手なアイテムに手を出してしまいがちですが、変なアレンジをするよりは、ひとつ上のフォーマル度に合わせればＯＫ。無地のスーツとストライプのスーツで迷ったら無地、ネクタイもフラワープリントかドットで迷ったらドットにするなど、手堅いアイテムでまとめてください。チーフもシルクのプリント柄を合わせるといいでしょう。ペイズリーやドットなどのチーフで、華やかさを加えます。

「ダークスーツ」と「ビジネスアタイア」の差がわかりづらいかもしれませんが、迷ったときには「ダークスーツ」のルールでいけば間違いありません。いずれも、**専用のスーツを買う必要はなく、普段のスーツを格上げする**、と覚えておいてください。会場の雰囲気を壊さない、悪目立ちしないようにするのがマナーです。

これで解決

■普段のスーツでＯＫ。小物で格上げをする
■アレンジしすぎて悪目立ちしてはいけない

ビジネスアタイアのディテール

ワイシャツ

白のポプリン（ブロード）などドレッシーな生地であれば、ラウンドカラーでもOK。

プリントタイ

プリントのタイ、秋冬ならスーツの生地と風合いの合うウールやカシミアのタイ。

ポイント 01

ポケットチーフ

ペイズリーやドットなどのプリントのチーフを「クラッシュドスタイル」で入れて胸元を演出。

ビジネススーツ

濃紺かチャコールグレー、もしくはピンストライプやチョークストライプでもOK。

ポイント 02

ダブルカフス＋カフリンクス

カフリンクスでさりげなく華やかさをプラス。タイピンを使うのも有効。

内羽根の靴

黒のカーフの内羽根であれば問題なし。デザインはストレートチップ。外羽根、スエードの靴はNG。

Q 10

取引先からの招待状④

「スマートカジュアル」と書いてあるときはどんな服装で行けばいいの？

A

「カジュアル」と入っているのに、あえてカジュアルなアイテムを入れないのが、成功の秘訣になります

ジャケット着用はマストと心得る。あくまでもスマートなカジュアル

最近ようやく浸透してきた「スマートカジュアル」。パーティーや結婚式の二次会などの招待状に書かれた**「平服でお越しください」の平服は、おおむね、この「スマートカジュアル」にあたります。**

フォーマル度は最も低いですが、それだけに、最も迷うドレスコードといえます。「カジュアル」と入っているのがクセもので、カジュアルだからとTシャツ、デニム、スニーカーなどのアイテムを選ぶと大恥をかくことになります。といっても、難しく考えることはありません。**「ジャケット＋プレスラインの入ったパンツ＋革靴」をベースにコーディネートすればいい**のです。ジャケットは、春夏ならコットンのシアサッカーやマドラスチェック、秋冬ならツイードやフランネル（フラノ）を選ぶと、かなりこなれた印象に。スーツ以外のジャケットスタイルに慣れていない方なら、ネイビーのジャケットを選べば間違いありません。

パンツはプレスラインが入っていればウール以外の生地でも問題なし。おしゃれに

自信のある方は、チェックなどの柄入りに挑戦してみてください。ただし、ジーンズはNGです。デニム地でなくとも、5ポケットのパンツはカジュアルな印象が強いので避けてください。最近よく見かけるようになった裾がリブニットのものや紐が入っているものもNGです。格好はいいのですが、ここでは「なんで今日ソレなの？」「他にパンツなかったの？」となってしまいます。

シャツはノータイでOK。少しカジュアルなニットタイを結んでもいいと思います。ジャケットによっては、タートルネックニットも可。Tシャツなど、後ろから見てジャケットから襟が出ないものはNG。逆に台襟のあるポロニットならOKです。

ダークスーツに着るような白のポプリン（ブロード）などのビジネスシャツは、ジャケットの柄によっては地味になってしまうので、避けたほうが無難です。**ネイビーのジャケット、グレーのパンツ、白のシャツでは、ただの〝クールビズのおっさん〟になってしまうので、ここでは避けてください。**柄のはっきりしたロンドンストライプのワイシャツもおすすめです。また、ジャケットに柄が入っているかいないかにもよりますが、チェックのシャツやシャンブレーシャツに、あえてボウタイを合わせるとしゃれた感じになります。

スマートカジュアルのディテール

ジャケット

春夏ならシアサッカーかマドラスチェック、秋冬ならツイードかフランネルがおすすめ。

ポケットチーフ

プリント柄のチーフをふわっと入れて華やかさを演出。

ポイント 01

シャツ

ロンドンストライプのワイシャツや、シャンブレーシャツならノータイでもサマになる。ボウタイを合わせて華やかさを演出するのもおすすめ。

コーデュロイベスト

コーデュロイなどのベストでアクセントを。カジュアルながらスリーピースふうできちんと感を演出。

ポイント 02

パンツ

ウールだけでなく、コットン素材もOKだが、センタープレスがあることが望ましい。

ドレスシューズ

靴は外羽根や、茶の革、スエードの他、サイドゴアブーツなどのスマートなブーツもOK。

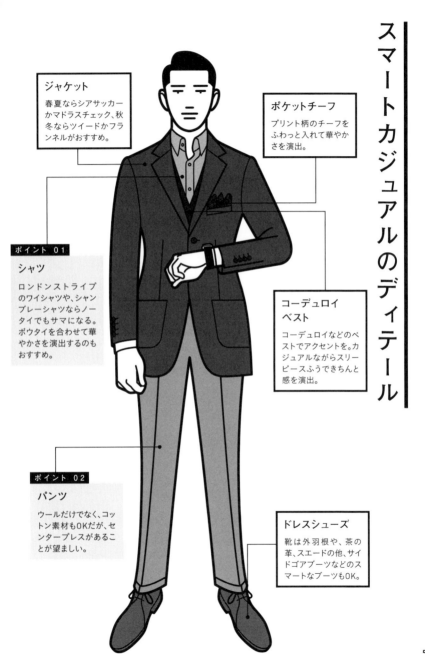

Q 11

最高気温30度超え。真夏の汗問題、どう解決する？

究極は〝替えシャツ〟。
着替えるのが最も快適です。
着替えられない場合は、高機能肌着を。
素材を見て慎重に選んでください

A

ポリエステルの肌着は汗を吸い取らない

ワイシャツは本来下着であり、欧米ではワイシャツの下には何も着ないのが基本ですが、高温多湿の日本ではそうはいきません。最近では、ワイシャツの他に、ビズポロなどの中にも下着を着たい、という方が増えてきています。

要は、脇汗問題です。下着も進化していて、首まわりが深めのU字形になっていて、ボタンをはだけても見えないようになっていたり、袖も短めだったりと、見えないよう工夫しながら、しっかり脇汗対策がされているものもあり、どうしても下着を着たいという方におすすめです。

もうひとつ、**下着の条件として、一番重要なのは、上に着ているシャツやニットにひびかない、ということです。** 襟や袖の部分は縫い目のないカットオフ、胴部分も編み上げで、段差がないものも。最新のものですと、完全無縫製というものもあります。ただ、完全無縫製になると7000円ぐらいでお値段は高めです。

肌着は汗を吸収させるために着るのですから、ポリエステルなど吸水性を持たない石油系化学繊維がメインのものは適しません。**コットンやキュプラなどの天然繊維、または、天然由来の繊維がメインのものを選んでください。**

以上の観点から、私がおすすめするのは、グンゼの「シーク」。袖と胴の素材を替え、袖のところがコットン高混率でより汗を吸収できるようになっています。つまり、脇汗対応ということです。少し価格は高くなりますが、完全無縫製でコットンの混紡率が90％以上の肌着も出ています。

「置きシャツ」に着替えてさっぱり！ 仕事の効率もアップ！

どんなに素晴らしい肌着より効果的な**究極の汗対策は、着替えてしまうこと**です。汗をきれいなワイシャツに着替えれば、不快感も、臭いの問題も、全て解決します。汗をかくと不快だから下着を着ているという方に比べて、快適さは断然上。天気予報で降水確率が20％だったのに、ゲリラ豪雨で濡れてしまった場合でも、オフィスに着替えがあれば安心です。

私はこれを実践しているので、オフィスにいつも〝置きシャツ〟をしています。大切な商談や接待の前に、きれいなワイシャツに着替えると気持ちが引き締まりますし、オフィスワークの場合には気分転換にもなり、仕事の効率もアップします。

朝から夜まで予定が詰まっているときには、使い捨ての汗脇パッドが有効です。男性用もドラッグストアで購入できます。ワイシャツの脇下の前身ごろと後ろ身ごろの縫い目を中心にパッドを貼るのですが、このとき、縫い目より少し胸側にずらして貼ると、汗を上手にカバーすることができます。ジャケットの汗ジミ防止にもなるので、ぜひ試してみてください。

これで解決

■肌着はコットンやキュプラなど天然由来の素材のもの
■着替えのワイシャツを用意しておく

Q 12

降水確率70%。大事な商談があるし、今日のスーツ、どうしよう

ゲリラ豪雨であっても死守したい
センタープレス。
イギリス製の生地のスーツを選べば、
簡単にはイージーパンツ風になりません

A

降水確率30％予報ならいつもとあまり変わらない

朝から雨が降っていようと、午後から大雨の予報が出ていようと、仕事は変わらず普通に遂行しなくてはいけません。濡れるのがイヤでも、訪問先で相手に失礼にならない服装をする必要があります。

降水確率30％予報の場合は、朝は雨が降っていなくて「外出の時間に降るか降らないか」というシチュエーションが多いと思います。そんな日は、スーツは通常のもので大丈夫。特に気を使う必要はありません。ただ、**細い繊維を使ったイタリア製の生地などは、濡れるとパンツのプレスラインがとれやすく、上着のステッチにもシワが入りやすいので避けてください。**どうしても着用したいときは、パッカブルコート（小さくたためるコート）を鞄に入れて雨対策を。直接雨に濡れなくても、湿気自体に弱い生地なので、傘だけでなくコートの着用をおすすめします。

靴は、アッパー部分に撥水性に優れた加工をしてあるものを履いていくと安心です。靴底はラバーソールが雨に強いですが、革底でも大丈夫です。その場合、底が2

枚になったダブルソールを。ダブルソールはカジュアルな要素になるので、外羽根の靴に多く使われています。例えば、チャーチの「シャノン」や「グラフトン」。雨が降りそうな日は、私はこの2足のどちらかを履くようにしています。

イギリス製の生地のスーツは雨に強い

降水確率70％予報なら、朝から降っている場合が多く、一日中降り続けることも覚悟しなくてはいけません。**スーツは、イギリス製のしっかりした生地を使ったものがおすすめ。**パンツのプレスラインがとれにくく、襟のステッチにもシワが入りにくいので、雨天に適しています。ロンドンなどはしょっちゅう雨が降っていますから、イギリス製の生地は雨に強いのです。といっても、濡れないに越したことはないので、確実に降るというときは、レインコートの着用をおすすめします。ベージュなど、明るい色みのコートを合わせると、憂鬱になりがちな雨の日も気分が上がるのではないでしょうか。

靴は、耐久性の高いカーフを使用したもので、底はラバーソールでOK。見た目にきちんとした印象が欲しいときは、ラバーソールの中でもダイナイトソール（210ページ参照）を選んでください。コバの張り出しを抑えてあるので、見ただけではラバーソールとわかりません。

雪の日はグリップ力のあるソールの靴を

雪の積もった道でも、グリップ力のあるラバーソールが役立ちますが、大雪となるとダイナイトソールでも滑るので避けたほうがいいでしょう。**雪対策には、パラブーツの「シャンボード」が最強です。**ソールにグリップ力があるのはもちろんのこと、コバ部分に二重ステッチがほどこされているため、アッパーとソールの境界から水が入りにくくなっています。もともと登山労働者の靴を作っていたメーカーなので、防水性能は抜群。数年前の出張で三日三晩雪の降り続くＮＹでも快適に過ごせました。ただ、価格は7万円超と、少し高めです。

日本製でも、溝のパターンがしっかりしているラバーソールで、アイスバーンになっている路面でもしっかりグリップしてくれるアイテムがあります。

雪が降っているときはコートも必要です。油脂分が残った糸を使っている厚地の紡毛織地「ローデンクロス」は、非常に撥水性にすぐれていて、私はこの生地を使ったコートを「冬のレインコート」と呼んでいます。北海道育ちの私がイチ押しするコートですが、残念ながら、ローデンクロス自体があまり市場に出回っていません。ウールに撥水加工をしたコートや、ウールライナー付きのコットンコートで、防寒と防水対策を両立させるのが現実的でしょう。最近増えてきた、薄いダウンのライナーがついたコートも暖かくていいと思います。

これで解決

■イギリス製の生地のスーツ
■グリップ力のあるラバーソールの靴

Q 13

昇進したから 役職にふさわしい スーツを新調したい

仕事も装いも、ひとつ上の視点で考えます。
課長になったら部長、
部長になったら役員。
一般社員と違って見えることが大事

A

「忙しい」は、カッコ悪いスーツの言い訳にならない

仕事もできるし、人格も素晴らしいけど「あの人、服装は……」と言われている方、実際にいらっしゃいます。一流企業の幹部なのに、よくこんな服装で、という方も多いです。仕事の成果があって今の地位になったのだから、それを服装にも反映させていただきたい、というのが今回の話です。

正直に申しあげて、自分の社会的地位やポジションにふさわしい服装というものに関心がない方が多いのですが、そんな方も「役員」という肩書になると、途端に慌てます。実際、役員に昇格してから「何を着たらいいかわからない」と、相談に来るお客様はとても多い印象です。しかし、それでは間に合いません。部長の頃から対策を始めないとサマにならないからです。

実情としては、収入に応じたものではなく、間に合わせのものを着ていらっしゃる方が非常に多い。そして、ほとんどの方は時間がないことを理由にされます。昼休みに会社の近所で買っている、というのです。スーツを単なるユニフォームと思ってい

ると、そうなります。部長の仕事に服装が影響する、ということがわかっていないようです。**仕事は仕事、服は服、と思っていらっしゃる方、すぐに改めてください。**ここでは、「仕事では尊敬されているけど、服装は……」という方が、装いを変えて、若手の部下から「いつかあんなふうになりたい」と、憧れられるようになっていただくためのメソッドをお教えします。

仕事はできるのにそうは見えない、そこで損をしないために

「仕事は役員クラスだよね」と言われている方でも、服装を見ると課長以下。実際によくあることです。でも、仕事も服装もワンランク上になっていれば、いつ声がかかっても、そのポジションで活躍できます。そこを目指していただきたい。

一方で、スーツはそのままにもかかわらず、部長になった途端に高い腕時計をつけるようになったり、高級万年筆を使いはじめたり……、という人が多いのも事実。高級万年筆をこれ見よがしに胸ポケットに入れる前に、スーツを買い替えてください。ヨレヨレのスーツに擦り切れたワイシャツではサマになりません。

では、一般の職級とどう違って見せるのか。それは簡単です。**スリーピース、またはダブルのスーツを着る、それだけです。**ただし、ダブルのスーツに関しては、会社や部署によってはNGな場合があるので注意してください。スリーピースは、体型の気になるところを隠すのにも有効です。

ドラマを見ていてもわかりますよね。社長や常務はみんなスリーピースです。つまり、見ただけで、この人は社長、部長、係長、とわかるようにしてあるのです。最低でも部長クラスに見える服装を目指します。職場環境により「スリーピースを着るのは難しい」、という場合、春夏もののスーツでしたらネイビーかグレーのモヘア混紡生地のもの、秋冬もののスーツならダークグレー、できればミディアムグレーの起毛感のある生地のものにしていただくと、部下の見る目が変わります。ここでの**ポイントは、部長らしさを形で見せる、ということです。**

スーツを新調できない場合は、小物使いで差をつける

グレー、またはネイビーのスーツに白のワイシャツ、という組み合わせの中では、

小物をグレードアップさせるのが効果的です。同じポプリン（ブロード）のワイシャツでも、袖口をダブルカフスにして、必ずカフリンクスをつける、あるいはクレリックシャツにすると差がつきます。それだけで、役員に見えてくるから不思議です。「ぼろは着てても心は錦」という時代もありましたが、今は日本全体が変わりました。取引先が外資系というのが当たり前の時代ですから、そんなことを言っていたら時代錯誤です。外資系では確実に、服装をチェックされます。会った瞬間に即戦力に見える装いであることが大切です。

上質なスーツや小物は、能力と地位の証明に

昇進されたら、必ず買っていただきたいアイテムがあります。黒の内羽根のストレートチップの靴です。勤続30年以上の方でも持っていないケースが多いのですが、冠婚葬祭、普段のビジネスシーンで絶対に必要です。**フォーマルな場では内羽根の靴を履くのが正式なルール。いくらピカピカに磨いていても、外羽根の靴では恥をかくことになります。**

あとは黒のブリーフケース。革で鍵がかかるものならなおいいでしょう。大事な契約の場合はもちろん、接待の場、特に自分がリーダーで行く場合は、前出の靴とこの鞄がないと恥ずかしいです。ビジネスマンの武器として、必ず揃えていただきたい。

靴、鞄、小物は、能力と地位の証明です。姿見に全身を映して、若手の部長か万年係長か、客観的に見てみてください。今の自分の職級よりもワンランク上の服装をして、仕事もワンランク上を目指す、ということです。ただし、ひとつだけ注意点があります。もし自分が課長以下で、部長など職級が上の方と出かける場合は、服装で勝たないようにしてください。あからさまに同席の上司より上質に見える装いは、日本の社会ではマイナスです。

これで解決

- ■スリーピースやダブルのスーツ
- ■黒の内羽根のストレートチップの靴と黒のブリーフケース
- ■ダブルカフスシャツ＋カフリンクス

Q 14

クールビズの内勤スタイルって、見えない靴下を履いてもいいの？

見せちゃいけない男の足首。
ビジネスシーンに素足感は不要。
ドレスシューズを素足で履いているように見せる必要はありません

A

仕事場では、革のドレスシューズとソックスが基本

履いているのに履いていないように見える「インヴィジブルソックス」について、様々な質問を受けます。足元がすっきりと見え、こなれたカジュアルスタイルが楽しめるため、すっかり人気が定着しました。私も休日には愛用しています。

しかし、ビジネスシーンとなったら話は別。ドレスシューズを素足で履いているように見せる必要はありません。ただし、**クールビズのときにスリッポンタイプの靴を履く場合は、許容範囲です。**

クールビズの服装では、基本的に長袖を着て、暑いときには腕まくりをすることを提案していますが、**内勤スタイルの場合は半袖も許容範囲とします。ただし、布帛《ふはく》のコットンシャツの半袖ではなく、ポロニットです。**ポロニットがOKな理由は、ポロシャツとちがって、袖口だけでなく裾にもリブが入っているので、袖口から脇毛が見えず、パンツにインしなくてもきちんと感があるから。

しかし、コーディネートの汎用性を考慮すると、**私の一番のおすすめは鹿の子素材**

の長袖のビズポロです。生地が鹿の子織りになっているだけで、形はワイシャツと同じ。襟型はワイドカラーかボタンダウンであれば、カジュアル感とドレス感が出ているので問題ありません。ポイントは台襟がついていること。急なミーティングでジャケットを着用しなければならないときでも、違和感なく着こなせますし、ネクタイをすることもできます。さらに、鹿の子素材は通気性がよく、汗を吸ってくれて伸縮性も高く、肌も透けません。布帛の白は透けますが、鹿の子は透けるようで透けないので、乳首も見えません。

パンツはプレスラインが入っているのならコットン素材のものでもOK。必須なのは、プレスライン。それだけできちんと見えます。

これで解決

- ■袖口と裾にリブ編みの入った半袖のポロニット
- ■鹿の子素材の長袖のビズポロ
- ■ウールかコットンのプレスライン入りパンツ

Q 15

内勤スタイルの
許容範囲が
よくわからない。
正解ってあるの？

きちんと感とリラックス感の内勤スタイル。
パンツにプレスラインが入ってさえいれば、
だらしない印象は与えません

A

上着を脱いでも着てもＯＫの着こなし

社内でのミーティング、他部署との打ち合わせ、デスクワークなど、いわゆる内勤の日は、外出する日より気が緩んで、ラクな服装に流されがちです。スーツの上着やジャケットを脱ぐ場面でも、周囲にだらしない印象を与えずにリラックスした装いを心掛けてください。ここでは秋冬の服装について考えてみましょう。

最近、気になっているのが、冬に増殖中の「刑事スタイル」、もしくは「ＳＷＡＴスタイル」。まるで防弾チョッキのように見える薄いダウンベストを上着の下に着る、あのスタイルです。リラックス感はありますが、緊張感はゼロ。職場の服装としてはＮＧです。

ではどうしたらいいか。ダウンベストをハイゲージのニットカーディガンや前開きのベストに替えてください。これだけで、印象はガラリと変わります。**スーツと同系色のネイビーやチャコールグレーのニットを着ると、リラックス感を演出でき、スリーピースのようにも見えて、だらしない印象を与えません。**保温性も高いので、社内にいるときは上着なしで過ごしていいと思います。さらに、だらしない印象をなくすコツは、必ずプレスラインが入っているパンツであること。クールビズの場合はコットンパンツでもOKですが、秋冬は必ずウールのパンツを着用してください。

社内なので靴は、**ローファーなど紐のない靴でも大丈夫です。**社内でスポーツサンダルのようなものを履いていらっしゃる方がいますが、あれはやめてください。「足が蒸れる」という場合は、通気性の悪いゴム底の靴をやめて革底の靴を履いてください。「ラクだから」とゴム底を選ぶ方が多いようですが、革底でも足に合っていれば、スニーカーよりもラクです。予算3万円くらいで、足に合う靴を見つければサンダルを履く必要などありません。

内勤の他に、営業職の方の休日出勤では、タートルネックニットなど、基本的に襟のついているものを着たほうがいいと思います。普通のスーツにタートルを着て出勤するのもOKです。いつものスーツのインナーをハイゲージのタートルニットにチェンジするだけで、仕事の緊張感をキープしたまま、程よくカジュアルダウンすることができます。もこもこしていないニットであれば、だらしなくなりません。コーディネートのコツは、グレーならグレー、ネイビーならネイビーと、トーン・オン・トーンで合わせると失敗しません。これが秋冬の基本になります。

これで解決

- ■ハイゲージのカーディガンや前開きのニットベスト
- ■タートルネックでトーン・オン・トーンのコーディネート
- ■ウールのプレスライン入りパンツ

質問頻度
第2位

今さら聞けない、買うときの「どうすればいいの？」

Q 16

今さらカッコ悪くて聞けない、スーツのサイズの見方を教えてほしい

サイズはあくまで目安。ブランドやデザインによってフィット感は全く違うので、慎重な試着が必要です

A

いつものサイズで大失敗!? 思い込みが失敗を招く

日本におけるスーツのサイズ表記は、「JIS（日本工業規格）」が定めたものを基準としています。身長、バスト、ウエストの3つの数値によって体型区分されていて、広く流通しているものとして、細い順からY体、A体、AB体、B体の4タイプがあります。

この中でA体が日本人の標準的な体型とされていますが、実際のところ、A体では細く、AB体のほうが標準に近いかもしれません。Y体はかなりの細身、AB体はややメタボの人、B体は見るからにアルファベットの「B」のような体型の人になります。アルファベットの形をイメージすると、わかりやすいかと思います。そこに、身長を大まかに分けた3〜8号があり、この組み合わせでサイズ表記がされています。

ただし、ブランドやデザインによって肩幅が広くなっていたり細身になっていたりするので、同じ「A-5」でも全くフィット感が違ってきます。ですので、**サイズはあくまで目安にしてください。**

お客様で多いのが、「僕、細身のスーツが好きなんでY体ありますか?」という方。これはナシです。**AB体の方が、細身のシルエットが好きだからと言ってY体のスーツを買うのは間違いです。**デザインとサイズは別もの。「AB−5」の方は、そのサイズの中で細身のデザインのものを選ぶ、あるいは細身のブランドで自分に合うサイズのものを選ばなければ、正しいフィット感は得られません。

一方、イタリア製やイギリス製、アメリカ製のサイズは別表記になります。最近多いイタリア製の場合、44、46、48、50……と表記されています。実はこれ、バストのサイズを2で割った数字です。例えば、「サイズ50」の「50」を倍にすると100、これがバストサイズです。46なら、そのジャケットはバスト92前後の人に向けたサイズになります。

加えて、「ドロップ表記」によって、ウエストサイズを示しています。50というサイズでドロップ8の場合、50から8を引いた数字は「42」、それを倍にすると「84」。つまりウエストサイズは84㎝ということになります。50・ドロップ8は、バスト100㎝、ウエスト84㎝前後の方に向けたサイズということになります。

スーツのサイズ表記

日本のサイズ表記

92-A-5 ― 胸囲-体型-身長

身長

記号	3	4	5	6	7	8
身長	160	165	170	175	180	185

胸囲と胴囲の差寸（ドロップ寸）

体型	J	JY	Y	YA	A	AB	B	BB	BE	E
ドロップ寸	20	18	16	14	12	10	8	6	4	0

JIS規格による三元表示

三元表示	号数	3号	4号	5号	6号	7号	8号
	身長	160	165	170	175	180	185
Y体 胴差16cm	胸囲	88	90	92	94	96	98
	胴囲	72	74	76	78	80	82
A体 胴差12cm	胸囲	88	90	92	94	96	98
	胴囲	76	78	80	82	84	86
AB体 胴差10cm	胸囲	92	94	96	98	100	102
	胴囲	82	84	86	88	90	92
BB体 胴差6cm	胸囲	94	96	98	100	102	104
	胴囲	88	90	92	94	96	98

※上記は、あくまでも松屋銀座で扱っている商品のサイズ表記であり、
メーカー・ブランドによって胸囲と胴囲の寸法は異なります。

ここで私がお伝えしたいのは、**初めて買うブランドで「いつもAB体の6号だから」と試着もせずに買うことはやめてください**、ということです。できる限り試着をしたうえで、裾上げだけでなく、袖丈、ウエストなどの調整をして、自分にぴったり合うサイズにカスタマイズすることが重要です。

繰り返しになりますが、デザインとサイズは別ものです。細身が好みなら、細身のデザインが得意なブランドで、自分の体型に合ったサイズを探すべき。とにもかくにも、必ず試着をしてください。

Q 17

このスーツ、
夏物？ 冬物？
違いがイマイチ
わからない

生地の織り方の違いを見れば
見分けられます

A

生地を見て、格子状であれば夏物

お客様からよくいただくご質問の中に、「このスーツは夏物ですか冬物ですか?」というのがあります。自分が着ているスーツがどちらかわからない、というのです。**一番簡単なのは、スーツの上着の背中部分に裏地がついていたら冬物、なかったら夏物とする見分け方。ただし、そうとは限らない場合もあります。**

見極めるポイントは生地の織り方。夏物も冬物も素材で一番多いのはウールですが、夏物は通気性のよい平織りがほとんど。冬物は保温性が求められるため、織密度が高い綾織りが中心です。見極め方は、平らな所に置いてみて、斜め45度の右上がりにうねが入っているのが綾織りです。平織りは経糸《たて》と緯糸《よこ》が直角に交わっているのでうねが入りません。イラストで見るとよくわかりますが、直角に交わる平織りは隙間があくので通気性がよくなり、斜めに交わる綾織りは隙間が少ないので保温性が高くなります。他にも、生地の重さで春夏用か秋冬用かをある程度見分けることもできます。150㎝幅の生地1mの重さが約260g以上が秋冬用、それ以下が春夏用というのが目安ですが、快適に着用できる春夏用の生地としては、２００g前後がおすすめです。最近では、パターンオーダー（91ページ参照）で重さを指定して生地を選ぶケースもあります。

ビジネスシーンにおける衣替えは、夏物はゴールデンウィークが終わった頃、冬物に関してはクールビズが9月いっぱいまでと定められているので、9月下旬〜10月上旬を目安にしてください。

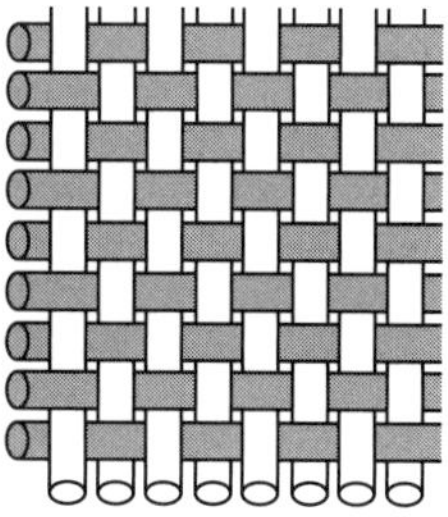
平織り

綾織り

真夏でも着られる万能な生地、モヘア

日差しの強い7〜8月にスカッと着られるスーツはないの？　という要望があったときにおすすめしている生地が、モヘアです。**モヘアというと、冬の暖かいニット、というイメージをお持ちの方もいらっしゃいますが、正しくは夏の素材です。**トルコ、アメリカ、南アフリカが原産のモヘアは、アンゴラ山羊の毛で、多くの場合、ウールとの

混紡で織られていて、モヘアが30％以上入っていれば高級品になります。石原裕次郎さんが着ていた、シルクのような光沢感のあるスーツの生地、というとわかるでしょうか。非常に通気性がよく、真夏のスーツに適しています。

他にも、通気性のある強撚糸《きょうねんし》（強く撚りをかけた糸）を使った「フレスコ」という生地もおすすめです。「フレスコ」はイタリア語で「涼しい」という意味。日本では「ポーラ」と呼ばれています。ハリ・コシがあり、ちょうど網戸のような構造の生地です。しかもシワになりにくいので、クールビズでもスーツを着用しなければいけない方は、モヘアやフレスコといった生地のスーツを選んでいただくといいと思います。

もちろん、モヘアやフレスコ以外の夏のウール素材もおすすめです。涼しさを追求し、機能性をうたったポリエステル混の生地のスーツもありますが、ポリエステルが入っていることで汚れがたまりやすく、汗をかいたときにウールよりも臭いが残る、というデメリットがあります。実は、**涼しさでは、ウールに勝る素材はありません。**その秘密は、「汗を吸い、それを空気中に発散させていく」というウールの特性にあります。

冬の素材でおすすめは、フランネルやサキソニー

一方で、**冬におすすめしたいのが、フランネル（フラノ）やサキソニーといった起毛した生地。**本格的に寒くなる11月中旬くらいからは、これらの起毛した生地のスーツを着ると、季節感を演出できておしゃれです。また、軽くてシワになりにくく、耐久性があるのも魅力。次に代表的な春夏と秋冬のスーツの生地についてご紹介しますので、参考にしてください。

春夏のスーツの基本素材

■トロピカル　梳毛《そもう》の細番手（細かい織り）で織った軽量な平織りの生地。通気性がよく、さらりとした快適な着心地で、夏のビジネスシーンに適している。

■フレスコ（ポーラ）　現在は2本以上の強撚糸を撚り合わせた糸を使用した平織りの生地。ハリやコシがありながら、通気性が非常に高く涼しい。撚った糸なのでシワになりにくく、高温多湿な時期に一日中着ていても立体感がキープできる。出

張や外まわりの営業にもおすすめ。パターンオーダーなどで裏地や肩パッド、芯地などを軽量なものに変更しても仕立て映えする生地。

■ウールモヘア（トニック）　経糸にウール、緯糸にモヘアを使用した生地。清涼感のある光沢が特徴。夏以外のスリーシーズン着用できるものもある。ドレスコードのあるオフィシャルな場面にも適している。シワになりにくく、耐久性が非常に高いので、海外出張などでスーツケースに入れても安心。ただし、少しだけ湿気に弱いため、ゲリラ豪雨レベルの雨や多量の汗をかいたときは注意が必要。

秋冬のスーツの基本素材

■フランネル（フラノ）　ウールの紡毛糸を織り、フェルト状に加工し起毛させた生地。平織りと綾織りの二種類があり、ソフトな風合いで弾力がある。保温性も高い。元々テニスや乗馬などの競技用ウエアとして使われていた生地なので、フォーマルなシーンには不向き。

■サキソニー　梳毛糸を使用した薄手のツイード調の生地。織りあげてから表面を起毛させる。柔らかくしなやかな肌触りで、高級感がある。

Q 18

クールビズ以外のスリーシーズンで着用できるスーツはありますか？

生地の選び方、仕様を変えることで、真夏を除いて着用できます。既製服では少ないので、パターンオーダーを利用すると便利です

A

スリーシーズンスーツは綾織り・背抜き

「合い物はありますか?」というお客様からのご要望、めちゃくちゃ多いです。

生地は綾織り、裏地は背抜き仕様。つまり、**秋冬の生地を使い、春夏の仕様で仕立てることで、7~9月を除いたスリーシーズン着用できるスーツになります**。ただし、これは既製服では数が非常に少ない。そんなときに活用したいのが、パターンオーダーです。パターンオーダーについての詳細は次項に述べますが、生地、仕様を指定でき、サイズも自分ぴったりに調整できるので、ぜひ試してみてください。

背抜きで作った場合、唯一のデメリットが真冬は寒い、ということ。でもご心配なく。ベストも一緒にオーダーして真冬はスリーピースとして着用すれば問題ありません。しかも、ベストは単品でオーダーするよりも割安なので、おすすめです。

Q 19

オーダースーツ、パターンオーダーとイージーオーダーは何が違うの？

トレンドを反映しているのが
パターンオーダー。
お客様にとっては、
非常にメリットがあるシステムです

A

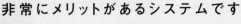

型紙か、既製服か。ベースになるパターンが違う

「既製服ではなかなか自分好みのものが探せない」「着たい時期に合う生地のものがない」といったお客様のニーズを受けて、人気が高まっているパターンオーダー。同時に、イージーオーダーというのもよく目にされるのではないでしょうか？　どちらも同じようなものと思っておられる方が多いようですが、**パターンオーダーとイージーオーダーそれぞれで作ったスーツの仕上がりはかなり違います。**

紳士服のオーダーとは、オーダーメイドのこと。もともとフルオーダーしかなく、採寸して型紙をおこし、仮縫い、本縫いの工程を経て、完成までに2〜3ヵ月かかります。基本的に手縫いで仕上げられる贅沢な一着です。

よりお手軽に〝自分サイズ〟を作れるのが、既製服をベースにしたパターンオーダー。そして、**既製の型紙を使用したイージーオーダー**です。需要が高まっているのは、断然、パターンオーダー。最新の既製服と同じ型紙を使って、サイズ、生地、仕様などを一から受注生産するシステムなので、トレンドを取り入れやすいのが最大の

魅力です。好きなブランドがパターンオーダーを受け付けていれば、理想の一着を手に入れることができます。また、既製服のお直しをする場合には料金がかかりますが、パターンオーダーは全て料金に含まれているので、お得な場合があります。

一方のイージーオーダーは、縫製工場などが持っている既製の型紙を使います。この型紙は、だいたい5～10年単位で更新します。型紙を一新するにはコストがかかるため、簡単に新しくできないからです。そのため、最新のトレンドを反映しづらいのが現状です。パターンオーダーでは補整しづらい極端なで肩や猫背などにも対応できるのがメリットでしたが、現在ではパターンオーダーでもかなり補整が可能になったため、その差は少なくなっています。

■イージーオーダー 縫製工場の決まった仕様の中から、体型やサイズに近いパターン（型紙）を選び、ゲージ見本という服（サンプル）を実際に着て寸法を確認していく方法。

■パターンオーダー 店頭で扱っている既製服をベースに、自分のサイズに合わせたものをオーダーできるシステム。現物の既製服を着ながら、採寸、調整していくため、完成型がイメージしやすい。

Q 20

なぜ宮崎さんは
スリーピースの
スーツを
そんなにすすめるの?

ベストがあるだけで着こなしの幅が
倍以上に広がります。
しかも、ベストには補整下着並みの
体型カバー効果があります

A

便利アイテムのベストを活用しないなんてもったいない

スーツの上着とパンツにベストがついたスリーピーススーツ。40代を過ぎたら着ないと損です！

私がおすすめする理由は、**ベストの持つ体型カバー力**。上着を脱いだとき、ワイシャツ一枚だと気になるおなかまわりを補整下着並みに引き締め、目立たなくしてくれます。さらに、役職に相応《ふさわ》しい貫禄を自己演出できるのも、スリーピースをおすすめする理由のひとつ。前章でも述べましたが、テレビドラマで高いポストにある人物は、たいていスリーピーススーツを着ています。また、ベストがあれば、冬は防寒にも役立ちます。

スリーピースのスーツを購入する場合は、パターンオーダーを利用するのがおすすめです。実は、ベストの丈というのがクセもので、上着なら許容範囲の着丈の誤差が、ベストでは致命傷になるからです。ベストの着丈は、ベルトが隠れる丈で、正面の一番下のボタンをはずしたときにベルトのバックルが少し見えるのが正しいサイズ。脚の長さとヒップの位置とのバランスは千差万別ですから、わずか1㎝の違いでもバランスが崩れてしまいます。それがわかっていても、たくさんサイズを揃えるわけにもいかないので、既製服ではスリーピースをほとんど扱っていないのが現状です。

スリーピーススーツのオーダー方法・ワンランクアップ術

ベストをパターンオーダーする際のデザインですが、最も伝統的な形は6つボタンで、ポケットは腰と胸両サイドで4つになります。お好みによって胸ポケットは左だけでもOK。着るときは一番下のボタンをはずす「アンボタンルール」があります。

ベストのためにパターンオーダーするのなら、**色違いでもう1本パンツをオーダーすれば、さらに着こなしの幅が広がりますよ**。例えば、濃紺のスーツに、同じような風合いの生地のグレーのパンツをオーダーします。**別売りのパンツを買うよりも安く、サイズもぴったりなうえ、採寸の手間は1回ですみます**。このとき、スーツの上着のボタンを黒蝶貝にして、着丈を通常より1～1・5㎝短めにしておく。こうすることでスーツの上着をジャケットとして着る場合も、違和感ありません。

Q 21

スーツの品質を見分ける裏ワザはありますか？

スーツの着用感を左右するのは
表地以上に裏地です。
キュプラは天然由来で、ポリエステルは
石油系ということを知っておいてください

A

上質のスーツには、必ずキュプラの裏地がついている

スーツをパターンオーダーするとき、みなさん表地にばかり気を取られていますが、**着心地を追求するのならば、裏地選びも慎重にお願いします**。なぜなら、表地以上にスーツの着用感を左右するのは裏地だからです。

いつも着ているスーツの裏地、何でできているかご存じですか？　内側や内ポケットについている品質表示のタグを見てください。「裏地：ポリエステル」「裏地：キュプラ」「裏地：(胴裏) ポリエステル (袖裏) キュプラ」などと書いてあります。ポリエステルもキュプラも服の裏地によく使われる素材で、どちらも化学繊維です。しかし、キュプラの原料はコットン、ポリエステルの原料は石油。前者は天然由来の化学繊維、後者は石油系の化学繊維で、その特徴は大きく変わってきます。

キュプラは、コットンの種のまわりの産毛 (コットンリンター) を精製・溶解した天然由来の原料を化学の技術で繊維にしたもの。原料がコットンなので、湿気を吸って吐き出す性質を持っています。また、繊維内に水分を多く含むため、肌表面の熱を水

分によって外へ逃がしてくれ、蒸し暑い夏でもひんやり感じます。逆に冬は湿気を吸収するときに、熱エネルギーが発生するため、ウールなどの表地との組み合わせで暖かさを生み出します。

一方、石油からできているポリエステルは、速乾性が高く、さらさらした着心地ですが、湿気を吸収する性質はありません。特に夏場は通気性が悪く、汗が残ってしまうため雑菌が繁殖しやすくなり、臭いの原因になってしまいます。

裏地として最適なのは、圧倒的にキュプラです。滑りがよくて脱ぎ着がスムーズですし、水分を多く含むキュプラは静電気も気になりません。

「安い!」と思ったら裏地をチェック。バーゲン品の落とし穴

しかし、量販店やパターンオーダー専門店のスーツは、基本的に裏地がポリエステルです。理由は簡単。ポリエステルのほうが安いから。先ほど例にあげた「裏地：(胴裏)ポリエステル (袖裏)キュプラ」という表示も、面積の大きい胴裏はポリエステルにして、コスト削減しているのです。パターンオーダーでスーツを買うときは、

ぜひ、裏地をキュプラにしてください。高級店以外ではオプション料金はかかりますが、一度着たら、ポリエステル裏地との差にびっくりするはずです。

これで解決

■表地同様、裏地の素材もチェック
■吸湿性が高く快適なキュプラが◎

Q 22

パターンオーダーのスーツ、ワンランク格上げする方法ありますか?

ボタン選びを工夫しましょう。
ボタンは仕上げのアイメイクと同じ。
一歩間違えると全てが台無しに
なるので、慎重に選んでください

A

いいものを選ぶなら天然素材にこだわる

ボタンは、「留める」という実用性のためだけについているのではありません。スーツについているボタンは、**スーツの顔の印象を決める重要なディテール**。女性のメイクにたとえるなら、一番大切なアイメイクのようなものです。

高品質なスーツのボタンは、水牛・ナット（タグアヤシの木の実）・貝（黒蝶貝）などの天然素材でできています。天然素材ですから、ひとつひとつ微妙に模様が異なり、経年変化で徐々に味わい深い色になっていきます。

安価なスーツのボタンは、ポリエステル樹脂を水牛ボタンなど天然素材風に加工したもの。品質は様々ですが、よくできたものだと、一見すると天然のものと区別がつかない場合があります。天然物か否かを見極めるときは、個々を見比べると全て同じパターンと色なので、すぐにわかってしまいます。やはり天然素材に比べ安っぽい印象は否めません。

もうひとつ、私が注目しているのは「カゼインボタン」です。牛乳に含まれるたんぱく質を原料とした樹脂で作られたボタンで、１８００年代後半にドイツで開発されたものです。独特の風合いがあり、男性用のボタンはかなりレア。ヴィンテージボタンとして、マニアの間では人気があります。

格上げしたスーツスタイルを目指すなら、ボタンにも気配りを。天然素材とポリエステル樹脂では、全身の印象が変わります。安価なパターンオーダー専門店でも、裏地と同じく、追加オプションで選べます。

これで解決

■ボタンは水牛・ナット・貝（黒蝶貝）などの天然素材にこだわる

Q 23

いいカシミアを見分けるにはどうすればいい?

カシミアコートは重くなるほど
高級になります。
軽いコートは、カシミアの原毛の
使用量が少ないのです

A

カシミアの最高峰は内モンゴル産

ひと口にカシミアといっても、その品質はピンキリ。日本茶やワインに等級があるように、カシミアも厳格にランク分けされています。

極寒の地で育った内モンゴル産のカシミア山羊の胸の毛は、最高品質として知られています。あまり品質がよくないとされるのは、アフガニスタンやイラン、ロシア産のカシミアです。

昔ながらの最高級カシミア生地は、原毛の段階で染色して紡績し、1950年代の旧式織機で織りあげます。仕上げは、乾燥させたアザミの実で生地の表面を掻いて毛羽立たせます。150㎝幅の生地1mで重さ450gくらいがメンズコートの理想とされ、ハリスツイードより少し軽めの「先染め450g以上」が、ヨーロッパの基準です。

一方、日本で流通しているイタリア製や英国製のカシミア生地は、同じ1mでも重さ360~380gと、かなり軽量。なぜ軽いかといえば、原毛の使用量が少ないからです。この重量のカシミア生地は、**ヨーロッパならコート用ではなく、ジャケット用として市場に出ています**。つまり、日本では「カシミア＝軽い」というイメージがあり、それを売り文句にしていますが、**本来、高品質なカシミアは原毛を贅沢にたくさん使っているので、必然的に重くなるのです**。

重厚感のある高品質のカシミアコートは非常に暖かく、耐久性も高いので、大切に手入れをすれば10年でも20年でも着られます。水にも強く、雨の日も安心して着ることができます。ただし、摩擦には弱いため、満員電車は避けたいところ。コートを着たまま車の運転をするのも不向き。毛玉の原因になります。

10年以上大切に着たいなら、重量感のあるカシミア生地を使用したコートを選び、着用後はカシミア専用のブラシでやさしくブラッシングすることをお忘れなく。

これで解決

■10年以上着られるカシミアコートには重厚感がある

Q 24

最近よく見るスーツ生地の「スーパー 100's」。それって何のことですか？

「スーパー100's」はウールの原毛の品質を示す国際的な基準のこと。顕微鏡レベルの話であり、それだけを参考にしすぎないほうがいいです

A

スーパー100's、イコール「高品質のスーツ」とは限らない

「このスーツはスーパー100'sだからいいですよ！」とお店の人にすすめられたことはありませんか？　何のことだかわからないけれど、とりあえずいいものなんだな、と認識されている方が多いかもしれません。

この表示は**羊毛（ウール）の品質を表す国際的な基準**。原毛の繊維の平均直径をもとにしたもので、1㎏あたりの原毛を100㎞まで伸ばせることを表します。120㎞になるなら、「スーパー120's」となります。ウールは原毛の繊維が細くなるほど手触りのよい糸を紡績しやすく、その糸で織りあげた生地も高品質とされるので、「スーパー100's表示＝高品質の生地を使ったスーツ」というわけです。でもこれは顕微鏡レベルでの話。販売員でもきちんと説明できる人は少ないと思います。

ただし、それだけで生地の品質を測ることはできません。**単に原毛の繊維の細さを数字で表しているだけ**で、その先の工程から生まれる糸や、製造工程も含め、総合的に見て判断する必要があるからです。**スーパー100'sとは、生地の大元の大元にど**

んなものを使っているかを示しているにすぎない、と覚えておいてください。

スーパー100'sʺ風味ʺにだまされてはいけない

スーパー100'sの場合、それ以外の原毛との混紡であっても、「スーパー100's」と表示ができるので、たった5％、10％であっても、「スーパー100's」と表示することが許されています。カシミアの場合なら、たとえカシミア以外の原毛が4％混ざっていても「カシミア100％」※と表記することが禁じられているのに対して、その基準はかなりあいまい。なので**「スーパー100's」だけに気をとられていると、だまされてしまいます**。「スーパー100'S風味」のものもあるので、注意してください。

ちなみに、みなさんもご存じのイタリアの生地メーカー「ゼニア」では、「スーパー100's」という表記は一切していません。各工程に手をかけているという誇りがあるからこそ、生地の品質はあえて表記していないのです。

※表記について。「カシミヤ」とする場合もありますが、この本では「カシミア」で統一しています。

Q 25

ワイシャツの正しい買い方を基本から教えて

スーツよりも、実は難しいシャツ選び。
間違ったときの破壊力が高いので、
必ず試着をしてから購入するようにしてください

A

間違ったサイズを着るだけで、スーツ全体の印象が台無しに

実は、スーツよりも「購入して満足できていない」という方が多いのがワイシャツです。実際にワイシャツの選び方についての質問をいただくことが多々あります。拙著で「まずはワイシャツから揃えましょう」と再三お伝えしているにもかかわらず、正しい選び方・買い方について、詳細に述べていなかったので、ここでお話ししようと思います。

スーツよりもサイズ感を軽視しがちなワイシャツですが、実は、**間違ったサイズを着ていると、スーツの着こなしまで台無しになることも**。いくらジャストサイズのスーツを買っても、中のワイシャツがオーバーサイズだと、もたついてしまいます。

ワイシャツに満足できていない方のお話をうかがうと、ほとんどの方が試着をしていません。百貨店にワイシャツを買いに来られて「試着してもいいですか？」とおっしゃることは、ほとんどないと言ってもいいくらい。ワイシャツに関しては、「試着をする」という概念そのものがないようです。**試着もせずに、購入しているのですか**

ら、**合わないのは当然です。**しかも、ワイシャツを買われるお客様の7割は、ご本人ではなく奥様。身だしなみを整えたいのであれば、**ワイシャツは絶対に試着をしてください。**ぴったり合うサイズのワイシャツの着心地は格別なもの。面倒であっても買い物に失敗しないためにもぜひ実行を。

ワイシャツはリピート率の高いアイテム。試着して自分に合うブランド、サイズがわかりさえすれば、奥様が代用でご購入されても問題ありません。

もうひとつ、私の経験上、柄は気にするけれど、素材に関心がない方が非常に多いです。アイロンがいらなくてラクだからという理由で形態安定のワイシャツを選んでいる方、着心地は決してよくないのではないでしょうか？　素材にもこだわり、お気に入りのワイシャツを見つけていただくために、バイヤー目線でワイシャツの買い方をお教えしたいと思います。

バイヤーが教えるワイシャツの買い方

■サイズ　必ず試着で4ヵ所をチェック

（1）**首まわり**：首まわりは、何もない状態で採寸してもらい、まず＋2㎝のワイシャツを試着してみる。台襟の高さによって首へのフィット感が変わってくるので、サイズ表記だけ見て買うのはNG。必ず試着を。ボタンを留めて、人差し指と中指の2本がギリギリ入るくらいがジャストサイズ。

（2）**袖丈**：カフのボタンをはずし、腕をまっすぐおろした状態で、親指の付け根にカフの先がくるくらい。また、カフのボタンを留め、テーブルなどに手のひらをぴたっとつけたとき、カフの先が手の甲にかかるくらい。

（3）**着丈**：上着と同じくらいの、ヒップが隠れる長さ。座ったり腕を上げたりしても、裾がパンツのウエストから出ない長さにする。

（4）**カフ**：袖丈をきちんと合わせたうえで、手首の部分できちんと留まる太さが正解。緩い場合は、ボタンの位置を動かして調整する。大きな腕時計をする人は、腕時計をするほうのカフを、もう一方より0・5〜1㎝太くするとよい。

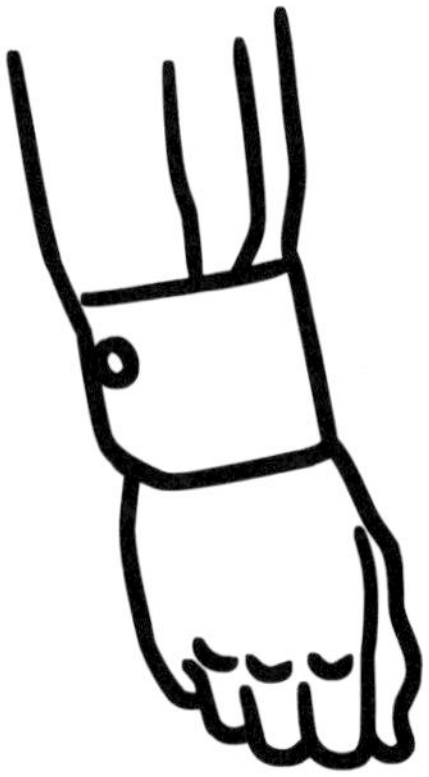

■襟型　3型で完璧Vゾーン

（1）**セミワイド**：レギュラーカラーとワイドカラーの中間。襟開きの角度が100度くらいで、ネクタイの結び目がちょうどよく収まる。また、襟先がちょうどラペルに隠れるバランスで、ノータイスタイルでもエレガントなVゾーンが作れる。襟の高さは、首の後ろで3・8〜4㎝。

（2）**ボタンダウン**：本来はスポーティーな装いに向くシャツ。イタリアクラシコのデザインで、襟開き角度が少し広いものを選べば、ビジネスでネクタイをすることもできる。襟の高さは、首の後ろで3・8〜4㎝。襟の開きが狭くネクタイをするスペースが小さいアメリカントラッドのボタンダウンも、ノット（結び目）を小さく結べるネクタイならOK。クールビズなど、カジュアルなスタイルに。

（3）**ラウンド**：襟先がほんの数ミリ丸くなった、レトロでエレガントな雰囲気を演出できる襟型。どこかチャーミングで優雅なムードは、相手に親近感を与える。スリーピースにタイドアップから、デニムに合わせたカジュアルスタイルまで、〝こなれ感〟をアピールできるアイテム。日々のローテーションに新鮮さを加えてくれる。

■素材　フォーマルからスポーティーまで3種類

（1）**ポプリン**（ブロード）**：**経《たて》糸と緯《よこ》糸に同じ太さの糸を用いた平織りの生地。英国ではポプリン、アメリカではブロードと呼ぶ。番手が大きくなるほどスムースかつ柔らかくなるが、シワになりやすく耐久性が落ちるため、80〜100番手がおすすめ。洗ったりアイロンをかけたりするうちに、独特のふくらみ感のある風合いが出てくる。どんなスーツにも合う万能タイプ。

（2）**オックスフォード：**経緯とも2本ずつの糸を引き揃えて平織りにした生地。

セミワイド

レギュラーとワイドの中間。襟は開きすぎず、狭すぎず、ネクタイの結び目がちょうどよく収まる。

ボタンダウン

襟先をボタンで留める襟で、カジュアル色が強くなる。

ラウンドカラー

丸みのある襟先で、セミワイドよりは少しカジュアル。

スポーティーな表面感で、麻やコットン、ツイードなど素材感のあるスーツやジャケットに合う。洗うほどに柔らかくなるので、新品より使い込んだほうがいい味わいに。襟型はボタンダウンが多いが、ビジネス仕様には、普通のセミワイドが向いている。

（3）**からみ織り**：2本の経糸《たて》を強撚して、緯糸《よこ》と織り上げた生地。経糸が太くなっているため、織り目が粗く、通気性がよい。肌触りがサラリとしていて快適だが、やや透けやすい。夏だけでなく、冬でもＯＫ。

Q 26

高機能ワイシャツ、汗をかくとベタベタするし、「臭う」と言われた

素材選びを間違うと、
通気性&速乾性が高くても、
実は汗を吸わず、最悪の状態に!

A

ポリエステルはワイシャツ向きの繊維にあらず

「サラッと快適」「早く乾く」「シワにならない」「アイロン不要」などの謳い文句で巷に多く出回っているワイシャツ。本当に快適なのでしょうか？

それらのワイシャツの素材は、ほとんどポリエステルです。Q21でも述べましたが**ポリエステルの繊維には、水分を吸収する性質はありません。**ポリエステル素材が通気性と速乾性に優れているというのは、いわゆる〝ポンプ効果〟。汗を吸うのではなく、外へ放出する働きがあるのです。外側に出た汗は、振り払ったり吸い取ったりしなければなくなりません。サッカーのユニフォームなどにポリエステルが使われるのは、激しい動きで汗が外へ振り払われるから。ワイシャツを着て、あんなに激しく動く人はいませんから、汗はシャツの中にこもったまま。肌に残って雑菌が繁殖し、臭いの原因になります。**体臭が気になる人は、ポリエステルワイシャツをやめるだけでだいぶ改善すると思います。**

また、ポリエステルのワイシャツは、襟やカフスの内側に黒いポツポツができることがあります。これは、ポリエステル繊維の毛玉です。摩擦が加わる部分にできるので、背中や袖の裏側にもポツポツが出てきます。

コットンが入っているものでも、ポリエステルがメインなら同じこと。

ポリエステルの下着＋ポリエステルのワイシャツ＋ポリエステルの裏地のついたスーツなんていう組み合わせは、最悪です。

ビジネスシーンにおいて、値段が安いということ以外は、ポリエステル素材を選ぶ理由はありません。**ワイシャツは、コットン100％が一番です。**

Q 27

ワイシャツの透け問題。恥ずかしいし、なんとかしたい

外側にひびかない肌着、
またはベストを着ると
“透け”を回避できます

A

日本の女性は、乳首や胸毛が透けることを毛嫌いする

Q11でまとめたように、ワイシャツは本来、素肌にそのまま着るものです。ただ、一枚だと、乳首や胸毛が透けてしまうこともあり、これが日本女性には非常に評判が悪い。ちなみに、ファッションの本場であるイタリアでは何ら問題になりません。胸毛のある男性はモテますから、あえて隠そうなんて思わないのです。

しかしここは日本です。女性が不快感を覚える以上、そのまま透けさせておくわけにはいきません。ビジネスファッションにはふたつの目的があります。ひとつは自分自身が気持ちよく過ごせること。もうひとつは相手にもよい気分になってもらうこと。つまり、自分のためだけではなく、ビジネスの相手や同じオフィスで働く同僚のために装うことが大切です。先述した通り、**外側にひびかない高性能の下着（おすすめは、コットン100％に近いもの）で対処しましょう。**つまり、着ているように見えないステルス下着であれば、ある意味着ていないのと同じだと考えることができます。

ビジネスファッションの国際常識を貫き、「ワイシャツの下に何も着ない」という

〝素肌派〟の方は、シャツの上からベストを着るのも有効です。秋冬はもちろん、冷房のきいた屋内では、真夏でもベスト着用は何ら不自然ではありません。ベストの素材もステルス下着同様、ここ数年で驚異の進化を遂げています。透けるのを防ぐだけでなく、素材選びを工夫すれば、見た目にも涼しげに見えます。また、私が全力でおすすめするスリーピーススーツのベストは、オフィスで着用すると、透け防止にも役立つのです。

これで解決

■ワイシャツ一枚で透けることが気になるなら、高性能下着またはベストを着用

Q 28

品質の良し悪しを簡単に見分けて、いい買い物ができるようになりたい

スーツ、ジャケット、コートなどを
買うときは必ず品質表示を
チェックしてください

A

品質を見極めるには、4つのポイントがカギ

スーツ、ジャケット、コートなどを買う場合、試着と同時に確認していただきたいのが、品質表示です。**品質表示には全ての情報が入っています。**上着の内ポケットやパンツの後ろポケットの中についているタグをよく見てください。いろいろと書いてありますが、重要なのは次の4つになります。

■表地　ウール100%、毛100%、ウール70%カシミア30%など

通常、ウールと毛は分けて表示されます。「ウール」は羊毛。「毛」は、カシミア、キャメル、アルパカ、モヘアなど、羊毛も含めて獣毛全般を表します。2種類の獣毛をブレンドした生地は「毛100%」と表示されることも。スーツはウール100%がほとんど。安価なものはポリエステルが混ざっています。

■裏地　キュプラ、ポリエステルなど

胴裏（身ごろの裏地）と、袖裏（袖部分の裏地）を分けて表示される場合もあります。

その場合は、「(胴裏) ポリエステル (袖裏) キュプラ」のように表示されます。高級品の場合は、裏地にキュプラをきちんと使っているかを確認すること。

■洗濯表示　水洗いの洗濯表示、自然乾燥、アイロン仕上げ、ドライクリーニングなど

家での手入れの仕方がわかります。２０１６年から、新たな記号が導入され、ドライクリーニングの溶剤や洗い方が細かく表示されるようになりました。

■製造国　MADE IN JAPANなど

その服を作るにあたって最後の工程を手掛けた国の名前が表記されています。仮に、生地が中国製であっても、日本の工場で縫製していれば、その服は「日本製」という表示に。品質のいい生地であれば生産国はあまり気にする必要はありません。

これで解決

■表地と裏地の素材をチェックして正しいお手入れを

Q 29

スーツの上着や
ジャケット、コートの
袖のタグ、
つけたままでいいの?

何の生地を使っているかを
示すためのもので、
飾りではありません

A

タグのつけっぱなしは赤っ恥

布製で糸で縫いつけられているからでしょうか。袖に品質表示のタグをつけたままのスーツを着て電車に乗っている人を見かけたことがあります。このタグは、何の生地を使っているかなどの情報を、店頭でお客様が見やすくするためのものです。**値段などが書かれた紙製のタグと同じ。購入したら即、はずしてください。**

タグだけでなく〝しつけ糸〟も要注意！ ベントが開かないようにつけられたバッテンの白い糸、これも、つけたままで歩いている方をたまに発見してしまいます。

生地によっては、糸を切るときに傷をつけてしまう恐れがあるので、購入時にお店でとってもらうことをおすすめします。「すぐに着られるように、タグやしつけ糸は全部とってもらえますか」と言うのがスマートです。

これで解決

■タグもしつけ糸も、購入したらすぐにお店でとってもらう

質問頻度
第3位

服のお手入れ「どうするのが正解？」

Q 30

プロのワザで好感度アップ！　スーツのお手入れ方法①

パンツの
センタープレスが
消えたら、
どうしたらいい？

ズボンプレッサーは絶対使わないこと。
クリーニング店などプロに任せてください

A

「タオルで雨を拭いて……」ドラマでよく見るシーン、あれは絶対NGです

雨に降られて帰宅して、玄関で奥様が差し出したタオルでスーツの雨粒を拭く……。これはNGです。理由は、タオルの繊維が拭いたところに残ってしまうから。特にダークスーツを白っぽいタオルで拭いた場合、白くなってみっともないので、絶対にしないでください。ついてしまった繊維はとるのも大変です。

一番いいのは、帰ったらまず軽くはたいて水滴をとり、厚みのあるハンガーにかけて自然乾燥。ジャケットとパンツをそれぞれ別々にハンギングして、風通しのよいところにかけておきます。パンツはパンツハンガーという専用のものがあればなおいいです。出張先で翌日も着なければいけないときは、宿泊先でエアコンの風にあてて乾かします。それがうまくできない場合は、ドライヤーの冷風で乾かしてください。必ず冷風でお願いします。熱風で乾かすと生地を傷めてしまいます。

理想的なのは、ハンガーをバスタオルでくるみ、そこにジャケットをかけて内側の湿気をタオルに吸わせてから、タオルをはずして自然乾燥する方法です。肩パッドの

ところなど、内側まで雨がしみ込んでしまった場合にはぜひ、この方法で。ただし、バスタオルは2～3時間で必ずはずしてください。そのままにすると湿気がこもったままになり、雑菌繁殖の原因になります。**濡れてしまった場合には、絶対に急いで乾かさず、内側までしみ込んだ雨にも対処する、というのが基本です。**

センタープレスがとれてしまったら素人ではお手上げ

雨に濡れて**パンツのプレスラインが完全に消えてしまった場合は、素人では再現できません。クリーニング店に出すなど、プロに任せてください。**雨でなくても、汗をかいた場合などで消えかけたときは、完全に消える前にアイロンでなぞり、キープします。

「ズボンプレッサーがあれば再現できる」と思っている方、**今後は使用禁止です。**ズボンプレッサーでは、まっすぐ正しい位置にプレスラインをつけることはできません。それがわからず、間違って使ってしまうとパンツのラインは完全にアウト。ズボンプレッサーがご自宅にある方はもちろん、「出張先のホテルに備え付けてあれば使う」という方も、今後は使用しないようにお願いします。服のことをわかっている人で、ズボンプレッサーを使っている人はいないと思います。特に、ここでお話ししている雨に降られたときの対策として、湿っているパンツをプレスするのは、絶対にダメです。

センタープレスについては、「シロセット加工をしても大丈夫ですか?」というご質問をいただくことがあります。シロセット加工は、プレスラインが消えないように天然アミノ酸が入った液体をかけて形状記憶させる加工のこと。パンツをアイロンでプレスするのが面倒な方には便利な加工ですが、ウールの生地本来の風合いを大切にしたいのなら、できるだけ人工的な加工をせず着用することをおすすめします。天然素材の生地をいい状態で保つ基本は、乾いた状態で通気する、ということ。人工的な加工をしなくても、ウールなどは自然回復するので、できればしないようにお願いします。

Q 31

プロのワザで好感度アップ！　スーツのお手入れ方法②

びっしょり汗をかいてしまった……。このニオイ、簡単に消せるの？

汗を取るには蒸しタオル、
消臭にはスチームアイロンが有効。
生地が傷むので、間違っても
消臭スプレーはしないでください

A

汗の処理はその日のうちに。水蒸気で吸い取る

「結構、汗をかいたな」という日、汗を吸った後のスーツはクリーニングに出すから大丈夫と思っていませんか? 多くの方が認識されていないと思いますが、**ドライクリーニングで汗は落ちません。**石油系の溶剤で洗うだけなので、**皮脂などの油性の汚れは落ちますが、水溶性の汚れは一切落ちないのです。**

汗をかいた日の対処法は、第一にブラッシング。その後、内側の汗をとるために、スーツの上着を裏側にひっくり返し、蒸しタオルで汗を吸い取ります。肩まわり、襟まわり、脇、そしてパンツのウエスト部分と股部分が、汗がしみ込んでいる部分。たまに内股のところが変色している方を見かけますが、あれは尿ではなく汗です。汗をとらないまま放置したために変色し、尿で汚れているともとられかねない状態に。こうなってしまっては、身だしなみ以前の問題。ぜひ蒸しタオルを使った汗対処法を実行していただきたいものです。

蒸しタオルは、濡らしたタオルを固く絞って、そのまま電子レンジで1分くらいで

できます。タオルは、しっかりしたものよりも、お年賀とか粗品にもらうようなものが、汗を吸う蒸しタオルには向いています。

まず、肩まわりと襟まわりは軽く押さえ、脇ははさむようにタオルを当てて汗を吸わせます。たっぷり汗をかいた日は2〜3回、タオルを替えながら繰り返してくださ い。このとき、決してこすらないこと。じっくり、しっかり汗を吸い取らなければ、永遠にそのままです。そうならないためにも、**汗が乾いて雑菌が繁殖する前に、ひと手間かければ、スーツの寿命は確実に延びます。**

「乾いているタオルはダメなの?」「水で濡らしたタオルではダメ?」と思われるかもしれませんが、水蒸気の力を借りて吸い取るので、必ず蒸しタオルにします。皮脂と汗が混じって汚れとなっている部分ですので、汗を浮かせて吸い取っていきます。その後は、ハンガーにかけて自然乾燥。中2日は休ませます。

汗を放置すると雑菌が繁殖し、臭いの原因に

みなさんクリーニングに出すことでリセットできると思っていらっしゃいますが、

先にも述べたように、ドライクリーニングで水溶性の汚れは落ちません。夏場に30回着たスーツには30回分の汗がしみ込んだまま。ほうっておくと変色しますし、雑菌がわいて臭いの原因になります。濡れたスーツがくさいのは、汗や焼き肉の臭いや、その人の行動がしみ込んでいるから。相当量の汗がしみ込んでいると思って間違いありません。**やる、やらないは自由です。やらなければ臭うだけなので。**ドライクリーニングを2週間に1度出す人と、シーズンに一度しか出さないけれど汗の手入れをしている人を比べると、実は後者のほうが臭いません。

クリーニング店の「汗すっきり加工」というのもいいですが、高圧の水蒸気や簡単な水洗いだけなので、ひと夏分の汗を完全に落とすことは不可能。汗の対処を毎日するのは面倒でも、1週間に1回するだけでも、状況は格段に改善します。

焼き肉やたばこの臭いなどがついてしまった場合、**間違っても消臭スプレーはしないでください。私がおすすめする消臭アイテムは、スチームアイロンです。**最近では、「ファッションスチーマー」という商品が手頃な価格で販売されているので、ぜひ、使ってみてください。それがなければ**霧吹きでもかまいません。**水が蒸発するときに臭いを消してくれます。全体に霧吹きをして陰干し、これでOKです。

Q 32

プロのワザで好感度アップ!　スーツのお手入れ方法③

どれくらいの頻度でクリーニングに出せばいい?

夏物なら1シーズンに1回。
冬物は2〜3年に1回で十分です。
頻繁に出すと、生地にとって大切な油分まで奪われてしまいます

A

ドライクリーニングでスーツの寿命が短くなる！

ドライクリーニングで汗など水溶性の汚れが落ちないことはすでに述べました。さらに、私がドライクリーニングを推奨しない理由は、ウールに含まれる油分まで落としてしまうからです。ここでは、**頻繁にクリーニングに出してはいけない**、ということをお伝えしたいと思います。

繰り返しになりますが、「2週間に1回クリーニングに出しているから清潔」と思っている方、全くナンセンスです。汗は落ちずに、生地にとって一番大切な油分が抜けて、「こんなになっちゃうの？」というくらいみすぼらしくなってしまったスーツを、これまで何着も見てきました。**クリーニングに頻繁に出すと、確実にスーツの寿命は縮まります。**

では、どうするか。前の項でお伝えしたブラッシングです。スーツの大敵はホコリと汗。**ブラッシングと蒸しタオル、そして中2日休ませてから着るというローテーションを守れば、寿命は延びます。**このふたつをしていれば、クリーニングは夏場ならシーズンごとに1回、冬物ならば2〜3シーズンに1回で十分です。クリーニングに出さない場合は、ハンギングで収納しておきます。ちゃんと着続けようと思うのなら、自分でするしかない、というのが結論。お金では解決できません。スーツが好きな人なら、毎日とは言いませんがブラッシングを実践しています。

クリーニングに出す前と後にしておくべきこと

クリーニングに出す場合は、ポケットの中に何も入っていないことを確認しましょう。

当たり前のことのようですが、きっちりできている方は少ないと思います。ポケットをひっくり返して、縫い目や角の部分にたまったホコリをブラシで丁寧に取り除きます。愛煙家の方は、胸ポケットなどに細かな煙草の葉がたまっていることが多いので、必ずチェックしてください。実際に、ポケットの中に1㎝くらいたばこの葉っぱがたまっていた人がいました。ちょうどポケットのところが変色していて、「ここ色が変わったよ」とおっしゃるので見ると、案の定……。気づかないうちにどんどんたまり、そのままクリーニングに出して最悪な状態に。ポケットの中はくれぐれも、念入りに確認してください。

シミがあるときは、何のシミなのかをクリーニング店で説明して、シミ抜きを依頼しましょう。シミのできた場所を忘れないように、家で小さなシールを貼っていくと、失敗がありません。それとは別に、オプションで汗落としがあるなら、ぜひ利用してください。また、貝ボタンなどの天然素材のボタンにも注意が必要です。ひと言、伝えておくといいでしょう。

クリーニングから戻ってきたら、ビニールのカバーと細いハンガーを取って厚手のハンガーにかけ直し、風通しのよい場所で2〜3日陰干し。その後、不織布《ふしょくふ》のカバーをかけて収納します。**ドライクリーニング後は、有機溶剤が繊維に残っているので、そのままクローゼットなどにしまい込むと、カビやシワの原因に。**最悪の場合、発火します。ですから、陰干しは必須なのです。クリーニング店のビニールカバーや細いハンガーは、あくまで運搬用と心得てください。

Q 33

ワイシャツの
袖口の黒ズミ、
見られたら恥ずかしい。
きちんと落とすには？

洗うときは裏返しにしてからたたみ、
洗濯用ネットに入れて洗うと、
よく汚れが落ちます

A

ワイシャツはクリーニングより自宅洗い

ワイシャツは自宅で洗ってアイロンもする、が基本。強力なプレス機で、一気にアイロンがけしていくクリーニング店だと、生地はもちろん、ボタンもすぐに傷むため、**特に大切なワイシャツは自宅で洗うことをおすすめします。**手間はかかりますが、きれいに仕上がり、長く着られるようになります。

洗濯の手順は次の通り。

① ボタンは全て（カフスやボタンダウンの襟ボタンも）はずしてワイシャツを裏返す

② 洗濯ネットに入れたときに、皮脂汚れのつきやすい襟、袖口がネットとこすれるようにたたむ（襟は立てておく）

③ 洗濯ネットに入れる

裏返すことで、汚れやすい襟裏やカフス裏が外側になり、ネットの網目にこすれて汚れが落ちやすくなります。ネット1枚にワイシャツ1枚を入れてください。1枚ずつ入れることでシワにもなりにくいので、干すときもラクです。ボタンは必ずはずしてください。水の流れでワイシャツが膨らみ、破れてしまうことがあるからです。面倒とは思いますが、これだけで汚れの落ち方が全然違ってきます。

洗濯機のおまかせコースを選んでしまいがちですが、縦型の洗濯機の場合は洗いはマックス6分、すすぎは2回、脱水は1分。洗濯の脱水は基本短めで。濡れた感じではありますが、シワが伸びやすいのでおすすめです。靴下や下着も一緒に洗うかと思いますが、その場合は一時停止してワイシャツだけ1分で出してください。この脱水時間は、あくまで私のベスト時間。いろいろ試していただきたいのですが、脱水時間が長くなればなるほど干す作業が面倒になります。1分ですと、アイロンがいらないくらいにシワが伸びています。ドラム式の場合は、加速しているうちに1分経ってしまう場合もあるので、3〜4分でも。裏にしていると汚れが落ちたのがよくわかるので、満足度が高いです。

干すときは、まずは表に戻して、前身ごろは縦に伸ばします。後ろ身ごろは横にシワを伸ばします。襟、カフスも横に伸ばします。ここまででシワはほとんどなくなっています。できれば厚みのあるハンガーにかけて襟を立て、風で飛ばないように上2つだけ、ボタンを留めて干します。

襟やカフスの頑固な汚れは、食器用洗剤を汚れ部分にかけて手洗いをしてから、洗濯機で。私は食器用洗剤ではなく「ウタマロ石けん」を20年以上愛用しています。この石鹼、街のドラッグストアに百数十円で売っている固形の洗濯石鹼なのですが、頑固な皮脂汚れも落とす優れもの。ワイシャツの襟袖汚れだけなく、女性の化粧品汚れや、靴下の黒ずみ汚れなども落としてくれます。汚れた部分を濡らしてから、このウタマロ石けんを塗って、しっかりともみ洗いしたら、あとは水で流さずに洗濯機へ入れればいいので、とても手軽です。ただし、蛍光増白剤が入っているので、色落ちしそうなワイシャツの場合は、目立たない場所で試してから使ってください。普段は裏返してネットに入れて洗う手順を実行し、汚れのひどいときだけ「ウタマロ石けん」を使うのが宮崎流です。

Q 34

ニットの手入れと洗濯方法、毛玉予防はどうするの？

できた毛玉は
セロハンテープとはさみを使い、
慎重にカットしてください。
毛玉の原因は湿気。洗濯は短時間で！

A

毛玉、縮み、ニットのトラブルは原因がわかれば回避できる

まずお伝えしたいのは、**毛玉は湿った状態での摩擦によってできます**（商品試験では「湿摩擦」という）。**完全に乾いている状態でこすっても毛玉にはなりません。**汗をかいているつもりはなくとも、一日着用すれば湿度を含んでいるので、一日着たら二日は休めてください。それだけでも毛玉予防になります。カシミアの場合は、コートのところでも述べましたが、水には強いけれど摩擦には弱いので、雨に降られるよりも満員電車を避けてください。

ジャケットの見返し（前身ごろの内側、内ポケットのある部分）の生地で摩擦が起こり、ニットの胸あたりが毛玉になってしまう、という方も多いようです。最近多い、ツイードの生地で裏地がない背中部分（背抜き）や大きな面積の見返しは要注意。私はすでに何枚も毛玉にしてしまいました。

ニットを洗うときにも、一番気をつけないといけないのが、この摩擦です。では、私がいつもしているニットの洗濯方法をお教えしましょう（私は、ニットは自宅で洗って

います。理由は何度も申し上げているように、汗はドライクリーニングで落とすことができないからです）。洗濯にはシャンプーとリンスを使います。髪もウールもカシミアもタンパク質なので、使用するのに全く問題ありません。むしろ、自分が普段使って気に入っている香りになるので、おすすめです。

よく「ぬるま湯で」と言いますが、水温は夏場の常温の水に近い15～25℃がベスト。ぬるま湯は30～40℃で、むしろ縮みの原因になるのでＮＧです。誤解しないでいただきたいのですが、**水温はニットが縮む直接の原因ではありません。**髪と同様にウールにもキューティクルがあり、水温によって開いたキューティクルがからみ合うことで縮みます。ですから、からまないように必ず手洗いでお願いします。

すっきり快適、自宅でのニット洗濯方法

ニットもシャツと同様にまず裏返して肌に触れるほうを表にします。洗面台などにためた水にシャンプーを溶かして、そこで泳がす感じで洗います。押し洗いをするのではなく、セーターに水を通して、汗を流し出す、というイメージです。洗ったら、

同じ量の水で2〜3回すすぎます。シャンプーの稀釈の目安ですが、セーターがつかるくらいの水に、頭を洗うときの量を目安にしてください。リンスの稀釈も同様に。リンスのすすぎは1回でいいです。縮む原因になるので、できるだけ短時間ですませるのがコツ。つけ置きは絶対にしないでください。この方法ですとカシミアも自宅で洗うことができます。洗う時間は10分もかかりません。

洗った後は20㎝四方くらいにたたんで、両手ではさむようにやさしく押して水を落としていきます。このとき、絶対に絞らないでください。乾いたバスタオルを広げ、その上にニットをのせて広げてから、力を入れず、押さずにニットごとバスタオルをくるくる巻いていきます。ここでも力を入れるのはNG。その状態で10〜15分おいて、自然に水けを吸い取らせます。出張先など急ぐときだけは、軽く押しても構いません。そうして水分を吸い取らせたら、平置きで干します。新しいバスタオルを広げて、そこにのせておいて乾かします。

ちなみに私は、毛玉ができた場合は粘着力の弱いセロハンテープを使って毛玉を持ち上げ、切りやすくしてから慎重にカットしています。眉毛用など小さなはさみを使うといいですよ。

Q 35

雨・雪の日の翌日、革靴が濡れて塩を吹いたようなシミになった！

濡れた革靴のケアは時間との勝負。自宅でもできる宮崎流シミ対処法をお教えします

A

雨は靴の敵！ 帰宅したらすぐにケアを

革靴が雨や雪で濡れてしまった場合は、時間との勝負になるので、帰宅後すぐにケアをしてください。**濡れたままで放置するのは絶対にNGです。**その日のうちに**応急手当てをするかしないかで、靴の寿命は全然違ってきます。**ここでは、私がいつもしている方法をお教えしましょう。

①ざっくりと水分をとる

帰宅したらすぐに靴全体を布で軽く拭いて、水分をとります。布は綿のハンカチを使うのがベスト。Tシャツを使っているという方がいらっしゃいますが、Tシャツですとあのケバケバした繊維（毛羽）が残るので、ハンカチのような適度に目の詰まった織りのものが最適です。

②しみ込んだ水分をとる

次に靴の中に新聞紙などを入れてしみ込んだ水分を吸い取っていきます。最近の新聞はカラーページが多いので、インクが靴の中につかないよう新聞紙をキッチンペーパーなどでくるみ、靴の形に整えながら靴の中に入れていきます。特に多くの水分を含んでいるつま先まで、きちんと入れてください。ただし、濡れている革は伸びやすいのでギュウギュウに詰めないこと。形が崩れるだけでなく通気性が悪くなるため、良い状態ではありません。そして、詰めた状態でかかとを下にして立てかけておきます。これを2〜3時間おきに3回ほど繰り返します。帰宅時間が遅い場合は1回でもいいですが、この手順は必ずしてください。

③ある程度乾いたらシューキーパーを入れる

翌日になるかと思いますが、手で触ってある程度乾いていたら、シューキーパーを入れてください。シューキーパーは木製のものが理想ですが、なければプラスチック製でもかまいません。その状態で、特に革底の場合は、かかとを下にして立てかけ、通気性をよくしてさらに自然乾燥させます。

④完全に乾いたらブラッシングしてホコリなどを落とす

完全に乾いたら、ブラッシングをして縫い目などに入ったホコリや砂利、落ち葉の

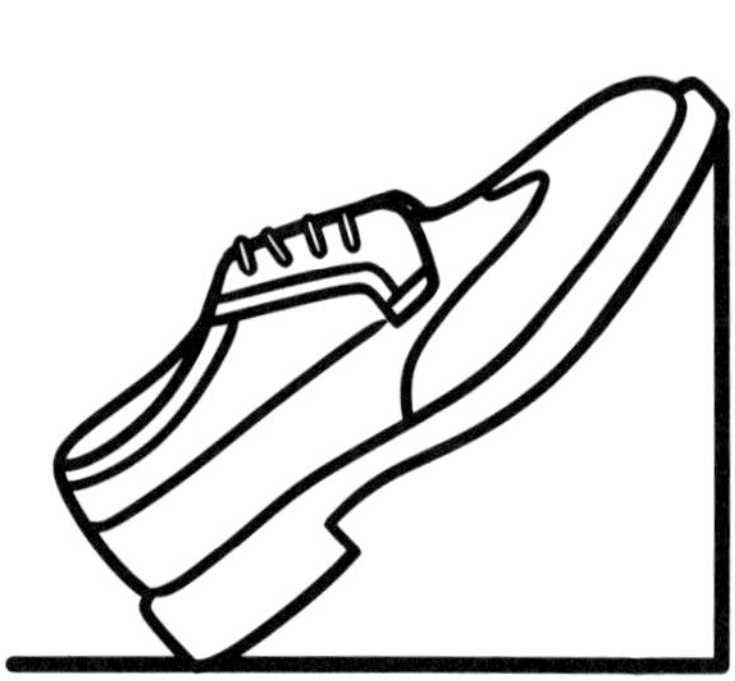

かけらなどを落とします。それからクリームを塗って保湿します。このとき塗るクリームは「エム・モゥブレィ」の「デリケートクリーム」がおすすめです。

⑤乳化性のクリームで油分を補う

濡れて乾くときに抜けてしまった油分を補うために、乳化性のクリームを塗って皮膜をつくり、次の雨に備えます。

以上の手順で私はケアしていますが、ここまでしている人はほとんどいません。

塩が吹いてしまったシミは、丸洗いで蘇らせる

雨ジミで塩が吹いたようになる原因は、汗と革に含まれている塩分。一日履いていると、コップ1杯分くらいの汗を革は吸っていますし、革をなめすときに塩を使うことが多いので、その塩分が濡れている部分と濡れていない部分のごくわずかな境目のところに雨ジミとなって浮き出るのです。

塩が吹いたような雨ジミは、靴が濡れているうちに、軽く絞ったくらいの濡れた布で押さえて全体的に水分を含ませれば、境目がなくなり解消します。このとき、きち

んとシミの境目が解消されているか状態を確かめながら拭いてください。落ちない場合は数回繰り返します。このとき、絶対に革をこすらないこと。革が傷つきますし、表面の風合いが失われてしまいます。それでも消えない頑固な雨ジミ、塩吹きの場合は、丸洗いします。丸洗いといっても、バケツに水を入れて洗うのではなく、泡で汚れを浮かして拭き取る、という方法です。

使うのは、革製品専用の「サドルソープ」。元々は馬具を洗う半固形の石鹸で、保湿しながら汚れを落としてくれます。栄養分があり、イタリアではサドルソープと靴クリームをブレンドして使っている人もいます。洗い方の手順は、まず靴紐を抜きます。次に濡れた布で靴全体を湿らせ、水を含ませたスポンジにサドルソープをつけて泡立てながら汚れを浮かしてから、乾いた布で浮いた汚れを泡ごと拭き取ります。力を入れすぎず、スポンジでこすって落とすのではなく、あくまで泡で汚れを浮かすのがポイントです。汚れを拭き取った後は、さきほどの①~⑤の手順でケアします。

自分で洗う時間や自信がない人は、プロの技術に任せましょう。その場合も、**できる限り早く持ち込むのが鉄則です。**私が信頼して靴の修理をお願いしているのは、『ユニオンワークス』(http://www.union-works.co.jp)の中川一康さんです。

Q 36

プロが教える収納方法①

スーツ、ジャケットの収納場所がなくて妻に怒られます

クローゼットに入りきらない
オフシーズンのスーツは
たたんで収納できます

A

ハンガーにかけるときは〝ゆったり〟が理想

収納方法について、一番多いのが「スーツにはどんなハンガーを使ったらいいですか?」という質問です。

理想は、木製で厚みのあるハンガーです。ただ、このようなハンガーを揃えるとなるとコストがかかるので、**安価なプラスチック製のものでもいいです。重要なのは、厚みのあるハンガーを使う、ということ。**

一日着用したスーツは、帰宅後、すぐにクローゼットやタンスにしまわず、最低一晩はかけておいて、湿気をとります。このとき、上着とパンツは必ず別々のハンガーで。パンツは、専用のパンツハンガーを使っていただけるといいですね。吊るすときは裾をはさんでウエスト部分を下にすると、自然にシワが修復できます。

クローゼットにスーツを収納するときは、スーツとスーツの間隔を2㎝開けてください。ギュウギュウになっていると生地が傷み、通気性も悪く、カビの原因にもなります。とはいっても、2㎝も間隔を開けるのは現実的に難しいと思います。そんなときパンツハンガーを使って上着とパンツを交互に吊るすと通気性が上がります。

そして、ふた月に一度、晴れて湿度の低い日にスーツをクローゼットから出して陰干しをするのが理想です。なかなかそこまではできない、というのならば、**普段からクローゼットの扉を時どき開けて通気するだけでも、全然違ってきます。収納においては、常に換気を心がけること、これが鉄則です。**

クローゼットに入れずにかけておく場合は、1着ずつ入れるタイプの不織布のカバーを使用するのがおすすめです。間違ってもクリーニング店のビニールのカバーをかけたまま、というのは、やめてください。

百貨店のスーツ箱を利用して賢く収納

スーツ、ジャケットがクローゼットに収まらない、というお悩みをお持ちの方も多いかと思います。問題はオフシーズンのスーツをどう収納するか、です。ここでは、スーツをたたんで収納する方法をお教えします。

たたんで収納する場合は、どうやっても通気性が悪くなるので、必ずクリーニングに出してからしまいます。出せない場合は、ハンギング収納に。クリーニング店から戻ってきたら、丸2日以上風通しのよい場所で、クリーニング溶剤を完全に乾かしてからたたみます。

たたむときは、シワの原因になるので上着のボタンはかけません。ボタンは着るときのことを考えてつけられているので、固定することでシワになるからです。これは**ハンギングのときも同じで、上着のボタンは着用時以外にはかけない**、と覚えておいてください。一番たたみジワになりやすいウエスト部分には丸めたタオルをはさんで折りたたみます。また、型くずれしないように、両肩の内側にたたんだタオルを肩パット代わりに入れるのもお忘れなく（160ページ参照）。

たたんだスーツは、1着ずつ箱に入れて収納します。スーツの収納にぴったりなのが、百貨店でスーツを購入して発送してもらう際の箱です。色（多くの場合は白）、サイズ、強度から見ても、私はこの箱がベストだと思っています。全く同様ではありませんが、ネットでかぶせふた式の段ボール箱（300円くらい）が販売されています。サイズは、40㎝×60㎝、深さ6㎝くらいのものを選んでください。段ボールなので、見た目はあまりよくないですが、重要なのはふた付きであるということ。そういう意味でも、百貨店の箱が理想です。通気するときも、床に箱を並べて、ふたを開けておくだけでできて便利です。

箱で収納するとき、防虫剤・乾燥剤は必ず入れてください。防虫剤の性質として、上から下に流れるので、服の上にのせておくのがポイント。一番理想的なのは、かぶせふたの内側に張り付けることです。

「お父さん、もう収納する場所がないわよ」と怒られている方も、シーズンオフのスーツを箱にしまって棚の上などに置いておけるとなると、クローゼットに隙間ができて無罪放免。もう肩身の狭い思いをしなくてすみます。

最後に、たたんで長期収納したスーツを着るときに、シワが気になる場合は、**スチームアイロンか、または霧吹きをかけて吊るしておけばシワは気にならない程度に伸びる**ので、問題はないかと思います。

これで解決

■オフシーズンのスーツは、たたんで1着ずつ箱に入れて収納

スーツのたたみ方

1

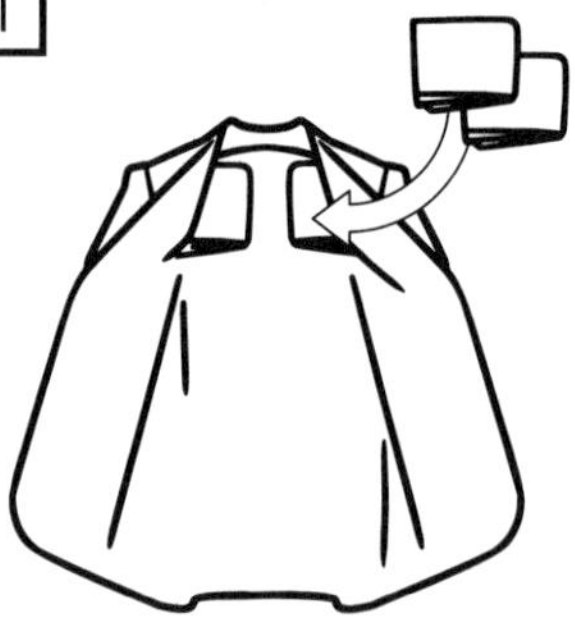

上着を平面に置き、粗品などでもらったタオルを折りたたみ、肩パッド代わりに両肩に入れる。

2

上着の袖を内側に折り込む。

3

パンツを肩幅に合わせて折りたたみ、ヒップ側を上着の肩のほうにして上に置く。ウエスト部分に丸めたタオルを置く。

4

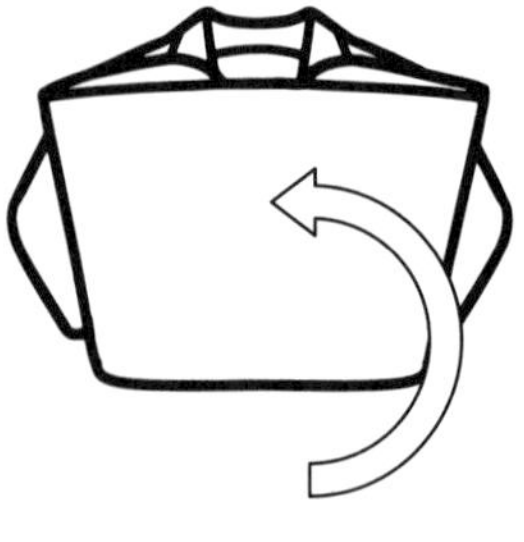

ウエストのボタン位置を目安に半分に折る。パンツをジャケットの中に入れない理由は、長期収納の際の通気性を高めるため。また、防虫効果を最大限生かすため。

Q 37

プロが教える収納方法②

同じコートばかり着ていたら、襟と袖がすり切れていた！毎日着たらダメなの？

愛用のコートを長く着たいのなら、
「毎日着ない」のが鉄則です。
ブラッシング、ローテーション、
日々のお手入れも気を抜かずに

A

コートは肌に直接触れさせない

男性の場合、**気に入っているコートは毎日着てしまう傾向にありますが、それではコートの寿命が短くなります。**ローテーションできるように3着は持っていただき、雨の日用にコットンのコートやレインコートを用意するなど、天候に合わせて使い分けてください。それだけで、きちんとした品質のコートであれば10年は着ることができます。コートが複数になると、当然、収納の問題も出てきます。ここではコートのお手入れの鉄則をお伝えしましょう。

■鉄則① 着用後は必ずブラッシングをする

いくら正しく収納していても、普段のお手入れができていなければ、すぐに傷みます。例えばカシミアのコートであっても、ブラッシングさえしていれば、雨の日に着ても問題ありません。カシミアは決して弱い素材ではなく、連続して着るとか、濡れたままこするのがNGであって、お手入れ方法さえ知っていれば、雨の日に着ても問題はない、ということです。濡れたら自然乾燥させてからブラッシングをし、次の日は別のコートを着る、それだけです。

■鉄則② 着るときには、必ずマフラーやストールをする

コートの襟は皮脂で汚れるので、絶対にマフラーやストールをしてください。そうでなければ、まず襟が傷みます。袖口も同様に肌に触れることで傷みますので、**購入するときに理想の袖の長さより1〜2㎝長めのものを買う**こと。そうすれば5年くらい着て傷んだときに詰めて直すことができます。購入時に袖が長い場合、「袖をお詰めしますか？」と尋ねられたときには断って下さい。**袖を2㎝くらい長めにしておく、これがポイントです。**そして手袋を必ず着けていただきたいのです。ちなみに私は必ずしています。手袋は防寒のためだけでなく、コートの袖口が傷むのを防ぎます。見た目にも、コートのときは手袋をしていないと、本来はおかしいので、私はこのスタイリングをつらぬいています。一方の襟は直せないので、いいコートを買ったのなら、必ずストールやマフラーを肌との間にはさんでください。「襟が汚れたからクリーニングを」となりますが、マフラーを着用し、ブラッシングをして襟の汚れを取り除いておけば、そうそう洗う必要はありません。

■鉄則③ コートをたたんで収納する場合は、クリーニングに出してから

基本的にコートはハンギングのほうがいいとは思いますが、収納スペースが限られている都市生活において、箱で収納する視点もある、ということをお伝えします。ツイードのコート、ダッフルコートやピーコートなどのメルトン生地、ナイロン、バブアーなどのオイル・ド・コットンコートはたたんで収納が可能です。たたんで収納する場合は、スーツと同様に、必ずクリーニングに出して、クリーニング溶剤を完全に乾燥させてから、三つ折りにして（165ページ参照）収納します。スーツと同じく箱も売っています。もちろん、百貨店の箱でもOK。箱の深さは10㎝のもので。スーツ用の箱にも入りますが、それだと通気性が悪くなるのでNG。防虫剤はふたの内側に張り付けて全体にまわるようにしてください。

適当な箱がみつからない場合は、衣装ケースでもかまいません。ダッフルコートなどシワになりにくいものであれば、三つ折りにしたコートを重ねて入れてもOK。

ただし、防虫剤のためにも通気がいい状態をキープしてください。

カシミアの場合は、必ずハンギングでお願いします。できるだけ毎日のお手入れをしていただき、クリーニングに出す回数を減らしていただくほうがいいと思います。

コートのたたみ方

1

コートを平面に置き、粗品などでもらったタオルを折りたたみ、肩パッド代わりに両肩に入れる。

2

袖を内側に折り込んで、裾の部分を少し折りたたむ（着丈の長さによって異なる）。

3

ウエストのボタン位置に丸めたタオルをはさむ。こうすることでシワを極力防ぐ。

4

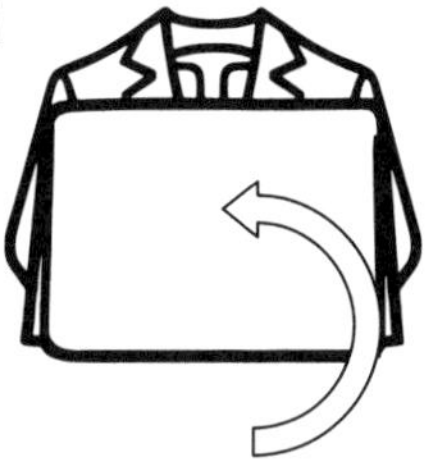

タオルをはさんだウエストのボタン位置を目安に、半分に折りたたむ。

5

折りたたんだ状態のコートが入る箱に入れることで、積み重ねての収納が可能に。

Q 38

プロが教える収納方法③

一日着けたネクタイの結び目がヨレヨレに。元に戻す方法は？

A

手で結び目のシワをのばしてから、テンションがかからないように収納するのがベスト

ネクタイはくるくる巻きがおすすめ

一日つけたネクタイ、どのように扱っていますか？ たっぷり汗を吸い、結び目がシワになっています。シルクのネクタイは復元力があり、大抵自然にとれますが、夏場などびっしょり汗をかいた場合には、なかなかシワがとれないことも。帰宅後は、まず結び目のシワを軽く伸ばして、それから小剣（細い側）のほうから巻いて丸めます。これが、ネクタイ全体にテンションがかかっていない状態。そのまま一晩おくと、ほとんどの場合シワのない状態に復元されます。

シワがとれないときはファッションスチーマーを使ってください。ファッションスチーマーがない場合は、普通のアイロンを2㎝くらい離して、たっぷりスチームをかけます。あくまで、スチームを与えるだけ。そうしてから巻き、一晩おいて湿気をとります。汗をかいてシワになっている場合が多いので、**スチームをあてることで殺菌効果もあります**。ネクタイは雑菌の宝庫、仮にクリーニングをしたとしても、水洗いをするわけではないので、汗は落ちないということはすでに述べた通りです。

ネクタイは、この巻いた状態で収納するのがベスト。スーツのところで紹介した百貨店の配送用の箱ならちょうど深さが合うので、その中に収納するのもおすすめです。みなさんよく、ネクタイ用に仕切りのある箱が欲しいとおっしゃいますが、配送用の箱で十分です。

丸めて収納する場所がない場合は、四つ折りにします。これもテンションがかからない状態。四つ折りにした状態で横向きに立てて収納するのがおすすめです。それも難しい場合は、滑り止めの加工がしてあるハンガーでもかまいません。ふつうのハンガーにかけると滑り落ちて剣先が傷んでしまう可能性があります。剣先はネクタイの命、ここが傷んでしまうと台無しです。

ネクタイは洗えない。汚れたときは消しゴムで対処

ネクタイは、〝目で見る管理〟をしてください。ハンガーにかけた場合、テンションがかかるデメリットはありますが、かけたときに結び目の部分が見えるので傷み具合がよくわかります。重ねていると、これができません。

ネクタイは洗えません。汚れたら捨ててください。表地と芯地の縮み方が違うので、洗うと形が崩れてしまうからです。必ずよれてしまい、元通りにはなりません。一番汚れるのは、手の脂がつく結び目の部分。この**汚れを、私は消しゴムを使ってとっています。**完全に乾いている状態のときに、普通のプラスチック消しゴムで、生地の織り柄の方向に消しゴムをゆっくり、シルクの表面をなでるようにしてとります。**ベンジンは色落ちすることもあるので、使わないでください。**

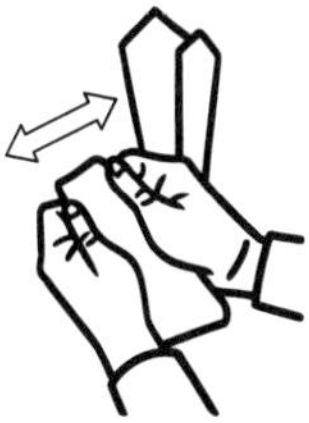

シワを伸ばす

結び目のシワが寄った部分は、軽く力を入れて伸ばす。数回すればOK。あとは下のAまたはBの方法で収納

A.巻く

テンションがかからないように、小剣（細い側）を中心にくるくる巻いて1日おいておく。

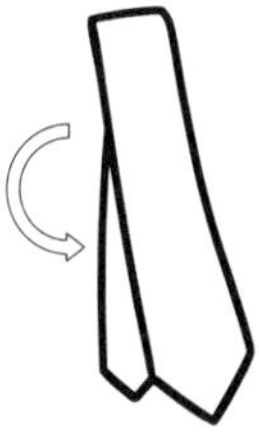

B.四つ折りにする

大剣と小剣の角を合わせてさらにもう1回折る

Q 39

プロが教える収納方法④

ワイシャツをたたんで収納。いつもシワが気になる

スペースがあるなら
ハンガーに掛けて収納するのが
一番です

A

ワイシャツは分類して収納すると便利

ワイシャツは、たたむとかさばるので、吊るスペースがあるなら、ハンガーにかけるのがおすすめです。スーツのように厚みのあるハンガーでなくてもかまいません。家庭で洗ってアイロンをして収納する場合は、完全に乾くまでクローゼットにしまわないでください。ワイシャツに限らず、どのアイテムも完全に乾くまでは、クローゼットに入れないのが鉄則です。たたんで収納する場合、ワイシャツを2枚並べられる50cm幅のクリアケースに入れ、襟部分を交互にして重ねます。襟がつぶれるのが気になる方は、買ったときについているキーパーを入れておくのがおすすめです。

クリーニングに出したワイシャツをビニールのまま保存している人が本当に多いですが、長期保存するときは必ずはずしてください。ビニールに入れたままにしていて気づいたら襟が黄色く変色していた、なんてこと、ありませんか? **原因はクリーニング溶剤。残ったままだと変色の原因になります。**特に夏はビニールに湿気がこもり、さらに部屋の湿気や温度もこもって、いいことはひとつもありません。

ワイシャツのたたみ方

1

ボタンをかけてから後ろ身ごろが上になるようにして、平らなところに広げる。

2

一方の袖部分を、袖口が下になるように折りたたむ。

3

もう片方も2と同様に折りたたんで左右対称にする。

4

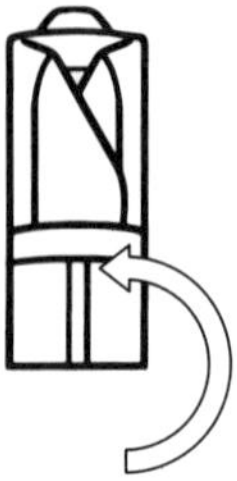

裾を折り返す。

5

さらに半分に折りたたむ。

6

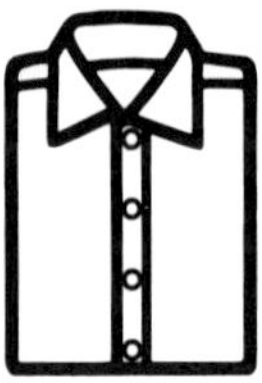

表側にして、完成。

Q 40

プロが教える収納方法⑤

お気に入りのセーター、着ようと思ったら虫喰いが！ 防虫剤を入れていたのに……

防虫剤の入れ方＋クリアケースで
衣類の虫をシャットアウト

A

防虫剤は一番上にのせなければ意味なし

シーズン中、一回でも着たものは湿気を抜いてから収納します。このとき、洗濯後まだ未着用のものと別に収納してください。〝着たニットコーナー〟をつくるといいですよ。

シーズンが終わったら、必ず洗ってから収納します。皮脂や汚れなどが虫に食われる原因になるので、一回でも着たら洗ってください。クリアケースなど、密閉性のある容器に、防虫剤と一緒にしまいます。**防虫剤は必ず衣類の上に置くこと。防虫剤の成分は空気より重いので、下に置くと成分が全体にいきわたりません。**衣類の詰め込みすぎも、効果半減。ニットの傷みの原因にもなるので、ふんわりゆったり重ねましょう。

ローゲージのニットは下に、ハイゲージは上にすると完璧です。摩擦に特に弱いカシミアは他のニットとは別にして、専用の収納ケースを用意することをおすすめします。いずれの場合も収納ケースの容量の70％くらいの量が通気性が良く、シワになららず、防虫剤の成分も全体にいきわたりやすくなります。

ハンギング禁止。理想は素材別の収納

「ニットをハンガーにかけて収納している」という方がいますが、これはNGです。ニット自体の重みで伸びて形が崩れますし、隣にかかっている服とこすれて傷むので、全くいいことなし。しかも防虫効果は半減します。ニットは、収納場所に合った大きさにたたんで重ねるのが正解です。ポイントは、**フワッとたたんで、フワッと重ねる。**

カーディガン、前開きのベスト、タートルネックなど、デザインごとに分類しておくと、服を選ぶときの時間短縮にもなります。

一日着たニットは、やはり、湿気を抜いてから収納してください。椅子の背の部分など、広げられるところに半日以上おいておけばOKです。

Q 41

プロが教える収納方法⑥

ベルトは何本くらい持っていればいいの？収納するときの最適な方法は？

スーツ用に黒と茶で、最低２本。
できればオフ用にも黒と茶を揃えて４本。
S字フックなどを活用して、
引っかける省スペース収納を

A

ベルトは少数精鋭。デッドスペースを利用して吊るしておく

ベルトは、スーツ用に靴の色と合わせて黒の革と茶の革を1本ずつ。ジーンズやチノに合わせるオフの日用に1～2本。これで十分です。スラックスとジーンズでは、ベルトループの太さが異なるので、兼用することはできません。スラックス用のベルトは幅3・5㎝、ジーンズ用は幅4～5㎝が目安です。ジーンズ用に、革メッシュでちょっといいベルトを買っておくと、オフスタイルが洗練されます。

さて、本題の収納方法ですが、私はS字フックにバックルを引っかけ、収納棚のサイドに吊るしています。くるくると丸めて並べる方法もありますが、場所をとるのでやめました。パンツの近くに吊るしておけば、手早くサッと取り出せますし、何より省スペースですみます。着替えの動線の中で、自分が一番使いやすい吊るし場所を探してください。

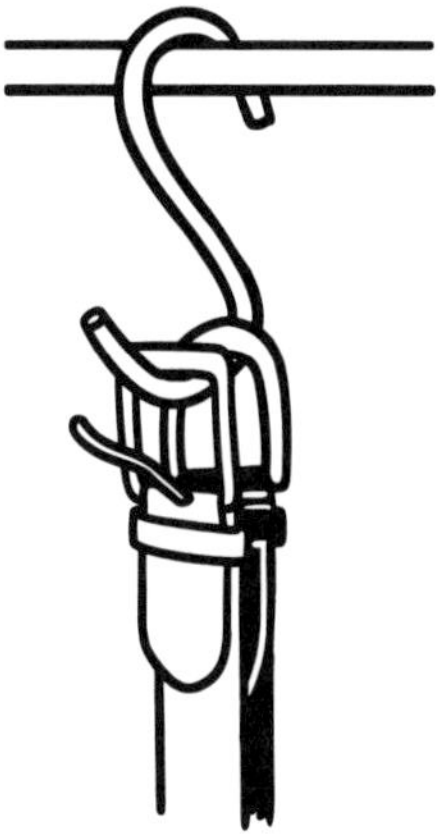

Q 42

プロが教える収納方法⑦

玄関が狭くて
靴が入らない！
収納場所があれば
茶色の靴も欲しい

通気性を確保することを第一に考えると、
一石二鳥なのは
袋に入れて吊るす方法です

A

通気性を考えると、箱より断然、袋収納

「宮崎さんはどうやって靴を収納しているんですか？」

お客様から、靴は欲しいけど収納場所がない、という声をよく聞きます。

普段のローテーションに組み込まれている靴は、玄関の風通しのよい場所に置いておくとして、それ以外の靴はどうやって収納したらよいでしょう。

靴の数にもよりますが、購入時に入っていた箱に入れて積み重ねている方が多いと思います。箱収納も間違いではありませんが、通気性の面でやや難があります。

一度でも履いた靴は足の湿気を吸ってとてもカビやすいので、**収納するときは、とにかく通気性の確保が重要。そこで、私が実践しているのは、袋収納です。**

靴を買ったときについてきた2枚組の巾着袋に左右片足ずつ入れ、つま先が下になるようにS字フックなどに吊るします。袋がついていない場合は、100円ショップなどで同じようなものが購入できます。

この袋収納、通気性だけでなく、スペースの確保にも大いに役立ちます。棚の横な

ど、部屋のデッドスペースにS字フックをかけて、どんどん吊るせばいいんですから。私は以前、コートスタンドを利用していましたが、あまりにも多くの靴袋をぶらさげてしまったために、さながら〝靴の木〟のようになっていました。

ちなみに、扉のある下駄箱は、靴の収納場所としては実はかなりの悪条件。あれほど通気性が悪い場所はありません。どうしても下駄箱しか収納スペースがない場合は、扉をはずしたり、定期的に靴を外に出したりするなど、通気性に配慮する必要があります。

質問頻度
第4位

「出張の達人はどんな裏ワザを使っているの？」

Q 43

スーツで移動はキツい、でも到着後すぐに仕事だし……

見た目はきちんとしたビジネススーツ、
なのにリラックスした着心地。
出張に最適！なのが
ウールジャージースーツです

A

着心地ラクラク。なのに、きちんと見えるジャージースーツ

ヨーロッパ早朝着やニューヨーク午前着などの飛行機の便が増え、長時間のフライト後、現地の空港からそのまま仕事先に直行するケースが当たり前になってきました。機内ではできるだけラクな格好で過ごしたいものですが、このような場合は、ビジネスマンとしてスーツを着て行かないわけにはいきません。

とはいえ、いつものスーツで長時間座っているのは非常に窮屈ですし、シワも気になります。しかし、わざわざ機内でスウェットなどに着替えるのは面倒ですし、あまり格好のいいものではありません。

そこで私がお客様にもおすすめしているのが、**伸縮性のあるウールジャージーのスーツです。「ジャージー」といっても、パンツのプレスラインも入っていて、見た目は普通のスーツと変わりありません。**魅力はそのストレッチ感。表地だけでなく裏地にも伸縮性のある素材を使用することで、突っ張らない着心地を実現しています。それでいて、あらたまった商談の場でも違和感のないきちんと感がある優れものです。

素材はしっかりしているので、伸びて型崩れすることもありません。

ウールジャージーは普通のウールに比べて目が粗いので、合わせるシャツはオックスフォードやからみ織りなど、ざっくりした表面感のある素材がマッチします。ネクタイもニットタイなどのざっくり系がおすすめ。ツルツルと光沢感のあるポプリン（ブロード）のシャツやシルクのタイはミスマッチ感が否めないので、避けたほうが無難です。

ウールジャージースーツの選びどころ

■表地だけでなく、裏地にも伸縮性があるもの

表地はウール100％のジャージーが理想。裏地はポリエステルがよい。キュプラやナイロンは伸縮性がないので、ジャージー素材の意味がなくなってしまう。

■ポケットはジップ付き

ポケットに財布、チケット、スマホ、パスポートなどを入れられるかチェック。上着を脱ぎ着するときに落下しないよう、ジッパー開閉のものがおすすめ。パンツにも、チケット用ポケットやジッパー付きポケットがあるとよい。

■着心地を確認

必ず試着して膝の屈伸などをし、伸縮性をたしかめる。

より、〝きちんと感〟の高いトラベル仕様のスーツも

編み物（ジャージー）の特性を生かして伸縮性を実現したウールジャージーの他に、ウール100％で着心地のよい伸縮性を実現した織物の生地もあります。伸縮性はウールジャージーにかないませんが、パリッとした質感があり、スーツとしての格は上回ります。やや目の粗いウールジャージースーツに抵抗がある人も、これなら安心して着られるはずです。海外の一流メゾンではタイトなデザインのスーツに、この伸縮性のあるウール生地を使用しています。

ウールジャージースーツは、出張や旅行に限らず、長時間のデスクワークや、会社のソファで仮眠をとるといったシーンも想定されて作られています。快適なので、普段から着たいくらいですが、残念ながら、おすすめできません。その特性ゆえ、頻繁

に着込むほど型くずれしやすくなるからです。5年以上着たい普段使いのスーツとは、別の目的を持つスーツだと思ってください。

一方、**生地に伸縮性がなくても、パターンオーダーでトラベル仕様のスーツを作ることもできます。**基本はアンコン（アンコンストラクテッド）仕様。肩パッドを全く入れないか、ごく薄いタイプにして、裏地も最小限に。芯地も軽量のものを選ぶと、着心地がかなりラクになるでしょう。

例えば、日本を夜間に出発して早朝に目的地に到着し、そのまま商談に直行するときや、長時間のフライトで到着してそのまま大事なレセプションに出席するときなど、通常よりもキチンとした服装で飛行機に乗らなければならないケースがあります。「きちんと見えてリラックスできるスーツはあるか」、最近本当に多くのお客様からいただくご質問です。そんな場合には、このトラベル仕様スーツが最適です。

Q 44

海外出張用のスーツケース、宮崎さんはどんなのを使っていますか？

スーツケース選びはマンション選びと同じ。フラットでワンルーム的なシンプルな箱タイプが使いやすくておすすめです

A

3～4日の出張なら、ロストバゲッジの心配がない機内持ち込みサイズで

飛行機で移動する際に一番心配なのはロストバゲッジです。頻繁に海外出張される方なら、一度は痛い目にあっているのではないでしょうか。

ロストバゲッジのリスクは誰にでもあります。完全にリスクを回避する方法はただひとつ。荷物を預けず、手荷物として機内に持ち込むことです。

たいていの国際線で機内持ち込みできる荷物の大きさは、3辺の和が115㎝以内。サイズは幅55㎝×高さ40㎝×奥行き25㎝以内。重量は10㎏まで。具体的に申しあげると、32ℓ程度のキャリーバッグかボストンバッグです。このサイズであれば、3～4泊の荷物は十分入ります。

機内持ち込みにすれば、ロストバゲッジの心配がなくなるだけでなく、到着先の空港で荷物をピックアップする待ち時間もなくなり、現地での仕事も効率よくスタートできます。アジアなど短期間の海外出張や、国内出張の場合は、32ℓサイズに収めて機内持ち込み。これが基本です。

もちろん、長期間の出張ですと、機内持ち込みだけでは足りません。

7日間の出張で85ℓがひとつの目安（秋冬や寒冷地に行くときは、若干荷物が多くなる場合も）。10日間以上であれば、現地で洗濯することを考慮して90～100ℓ。これが最大サイズです。1ヵ月の滞在であっても、現地で洗濯をしてまわしていきますから、持っていく荷物の量は変わりません。

スーツケースは〝ただの箱〟がいい

スーツケースも様々あり、中が細かく仕切られていたり、ポケットがあったり、ハンガーがついていたりするものがありますが、私はできるだけシンプルなものをおすすめします。仕切りが多いと一見使いやすそうですが、実は邪魔なだけ。工夫があればあるほど用途が限られ、自由度はなくなります。余計なものがついているので、実際の容量も減ります。

85ℓまでのスーツケースなら、〝ただの箱〟タイプが断然、使いやすいというのが私の結論です。マンションでいうなら、ワンルーム。同じ平米数なら、部屋が細かく分かれているよりも、ワンルームのほうが広く使えます。それと同じで、シンプルな箱なら、自分に合わせたアレンジがきいて、結局長く愛用できるのです。85ℓより大きなスーツケースは仕切りがあってもいいですが、できるだけシンプルなものを選んでください。

一般的に、日本のメーカーのスーツケースは仕切りが多く、自由度が低いと思います。**私が長く愛用しているのは、ドイツの「リモワ」。荷物を押さえるベルトがついているだけのシンプルなつくりで、余計なものがない分、壊れる要素もなく、極めて頑丈です。**

もうひとつ、スーツケースを選ぶときの注意点を。アメリカ合衆国領土に出入国する場合は、ＴＳＡロックが必要です。ＴＳＡロックとは、アメリカ合衆国運輸保安局（ＴＳＡ）が認可した特殊なロックで、ＴＳＡ職員が特殊ツールを使って開錠することができるものです。セキュリティ強化のため、このロックがついていない荷物は、アメリカ合衆国領土に持っていけません。ハワイでもグアムでも同様です。現在販売されているほとんどのスーツケースには装備されていますが、古いものや安価な外国製品にはないものもあるので、必ず確認してください。

スーツがメインならガーメントバッグも

機内持ち込みなら、ガーメントバッグもぜひ使ってみてください。日本のビジネスマンは欧米に比べてガーメントバッグ所有率が低いですが、**スーツをハンガーにかけたまま持ち運べるとても優れたバッグです**。大きさは、幅60㎝×高さ55㎝×奥行き25㎝くらいのものが目安。これ以上大きいと、スーツケースのように転がせない分、持ち運びが大変です。このサイズでも、スーツ、ジャケットが2～3着と、それに合わせるワイシャツ、ネクタイ、革靴（ドレスシューズ）、ベルト、下着などが入れられ、機内持ち込みもOKです。

私は、長期出張で大きなスーツケースを預ける場合でも、それとは別にスーツやワイシャツのセットを2日分、ガーメントバッグに入れて機内持ち込みにします。もちろん、ロストバゲッジ対策です。私の場合はスーツを着ていなければ仕事になりませんから。想定されるリスクには万全の態勢で臨むというわけです。

Q 45

出張時のパッキングがどうもわずらわしい。パッキング技ってありますか？

短期出張時は、ワイシャツ、下着、靴下、
ハンカチは日数分用意。
パッキングに便利な小分けバッグを使えば
鞄の中もすっきりします

A

3泊4日の短期出張の場合

服装 スーツまたはジャケットとパンツ、ワイシャツ、ネクタイ、ドレスシューズ
荷物 32ℓ程度のバッグ(機内持ち込み)
ワイシャツ3枚、下着3枚、靴下3足、ハンカチ3枚、ネクタイ2本、歯磨きやヘアケアなどの化粧品類、パソコン、書類などビジネス関連

ロイヤルメールのレターバッグが大活躍

それでは、実際に荷物の詰め方を説明しましょう。

ワイシャツはお店で売っている状態(縦30cm×横25cmくらい)にたたみます。ワイシャツを買ったときについている、襟の首まわりに入れるバンド状のカラーキーパーと、第1ボタンの下から上に留めるプラスチックのカラーキーパーをつけると、重ねても襟まわりが型崩れしません。購入時に捨てずにとっておくといいと思います。

たたんだワイシャツは襟の向きを反対にして、向かい合わせで重ねます。さらにもう一枚のワイシャツを重ね、その上に四つ折りにしたネクタイ2本をバッテン状に斜

めに重ねて置きます。このワイシャツ＋ネクタイセットをまとめるために、英国の郵便局で実際に使用されていた「ロイヤルメールレターバッグ」を私は愛用しています。ハリのあるナイロン生地で、大きさはたたんだワイシャツにぴったり。5㎝ほどのマチがあり、角もしっかりしているので、重ねたワイシャツが崩れる心配がありません。片面には大きな透明のマドがついているので、何が入っているかも一目瞭然。これほどワイシャツのパッキングに適した入れ物は他に見当たりません。トラベルグッズとして売られている小分け用袋もありますが、メッシュのものが多く、角の強度はいまひとつでロイヤルメールレターバッグにはかないません。私が使っているタイプはすでに生産中止になっていますが、ネットショップなどで1000円前後で購入可能です。

ロイヤルメールレターバッグにワイシャツ&ネクタイセットを滑らせるように入れたら、あいたスペースにハンカチと靴下を入れましょう。これで、短期出張中に必要な衣類はひとつにまとまりました。

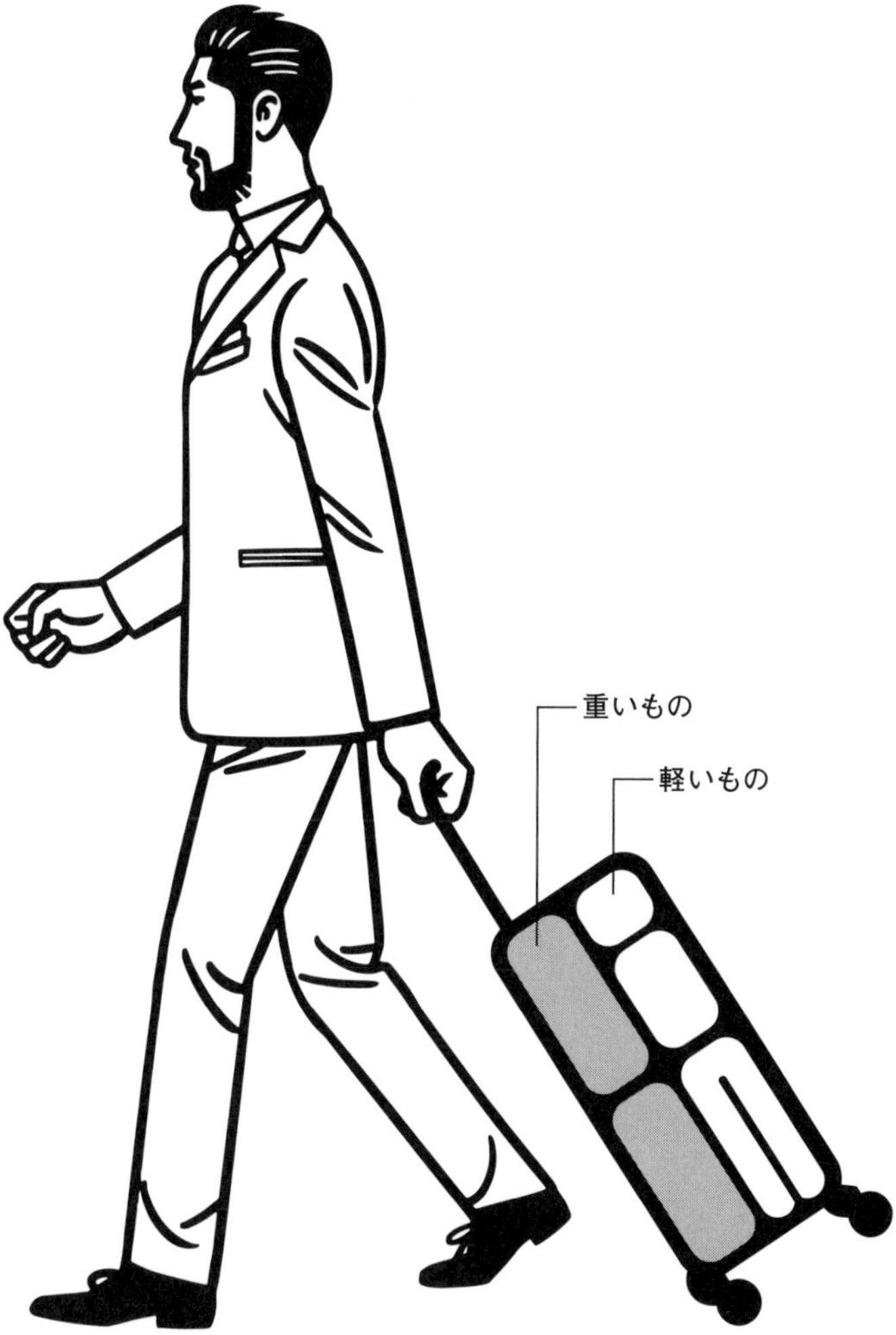

ワイシャツがシワになるのを避けるために
スーツケースが傾いたときに重量がかから
ない側に入れるよう心掛ける。

ワイシャツをクッション材にしないこと

キャリーバッグでもボストンバッグでも、持ったとき自分の体側にくるほうに、パソコンや書類などの重いもの、反対側に衣類の入ったロイヤルメールレターバッグなどを収納します。これは、衣類のシワを防ぐため。パソコンなどが体に当たって痛いからと、ワイシャツをクッション材代わりにすると、移動している間にシワシワになってしまいます。

ヘアケアなどの化粧品類は、ポーチにまとめて、空きスペースを埋めるように納めます。このとき注意したいのは液体状のもの。海外出張ですと、100㎖または100gを超える液体は機内に持ち込めません。制限量以内であっても、20㎝×20㎝の透明なジッパー付きビニール袋を自分で用意して入れる必要があります。預ける荷物には制限がないものの、機内に持ち込む液体はかなり厳しくチェックされ、認められなければ即、没収。容赦ないので気をつけてください。

Q 46

長期間の海外出張。効率よくパッキングをまとめるコツは？

ブロック分けで、面倒なパッキングが30分で完了！
ホテルではスーツケースがそのままクローゼットに早変わり

A

8～9日間の海外出張のパッキング内容の一例

機内の服装　トラベル仕様スーツ、ワイシャツ、ネクタイ、ドレスシューズ

荷物　90ℓ程度のスーツケース

スーツまたはジャケットとパンツを上下セットで計2着

ワイシャツ6枚、下着9枚、靴下9足、ハンカチ9枚、ネクタイ6本、

革靴（ドレスシューズ）2足、ベルト2本

（必要に応じて、パジャマ、ポロシャツ、ジーンズ、チノパン、Tシャツなど）

歯磨きやヘアケアなどの化粧品類、パソコン、書類などビジネス関連

＊下着、靴下、ハンカチは日数分。滞在先で洗濯をするなら少なくしてもよい。

＊ジーンズ、チノパン、Tシャツは仕事終わりのオフタイムや、移動用。

パッキングはブロックで考えれば、すっきりまとめられます

①　ロイヤルメールレターバッグを4枚用意して、次のものをまとめて入れる。

・（ワイシャツ3枚＋ネクタイ3本）を2セット

（ネクタイは専用のケースに2本ずつ入れてもよい）
・下着9枚＋靴下9足＋ハンカチ9枚
・パジャマ、ポロシャツ、Tシャツなど

② 靴はシューキーパー（家で使うのは木製がいいが、この場合は軽いプラスチック製がおすすめ）を入れ、片足ずつ袋（布または不織布。ビニールはNG）に入れる。両足一緒に入れるとこすれて傷がつくので、必ず片足ずつ。

③ ①のロイヤルメールレターバッグを、スーツケースの下面に並べる。空いているスペースに、②の靴を置く。靴と靴の間に、バックルを内側にして丸めたベルトを置く。

④ ジーンズやチノパンがある場合は、③の前、最初にスーツケースの下面に裾部分を入れ、膝から上がスーツケースからはみ出すように置く。他のものを全て入れた後に、膝から上部分で包むようにして折り返す。意外にかさばるジーンズでもスペースをとらず、シワになりにくい。

⑤ スーツの上着の肩幅に合わせて折ったパンツを、肩パッドに沿わせるようにして入れ、袖を内側に折り返し、ウエスト部分から上着を半分に折り返す。こうする

と、2着が重ならずに収納できる。

⑥ 空いているスペースに、化粧品類のポーチや書類を入れて隙間を埋める。それぞれができるだけ動かないように詰めるのがコツ。

⑦ 全部が収納できたら、ジャケットサイズの不織布カバーを上からかぶせ、脇に巻き込むようにする。スーツケースに付属しているベルトをしっかり締めて固定する。

荷物の収納手順を決めておくと、パッキングが素早くできるようになります。私の場合はだいたい30分くらいでしょうか。

整然とパッキングされたスーツケースは、ホテルでそのまま機能的なクローゼットになってくれます。到着後に慌てて荷物を出し入れすることがなくなり、現地での余計な時間を短縮でき、仕事もはかどります。出張荷物の準備を奥様に任せている方もいらっしゃいますが、帰りは自分でパッキングしなくてはいけません。何がどこにあるかを把握するためにも、出張の準備は自分でするようにしましょう。

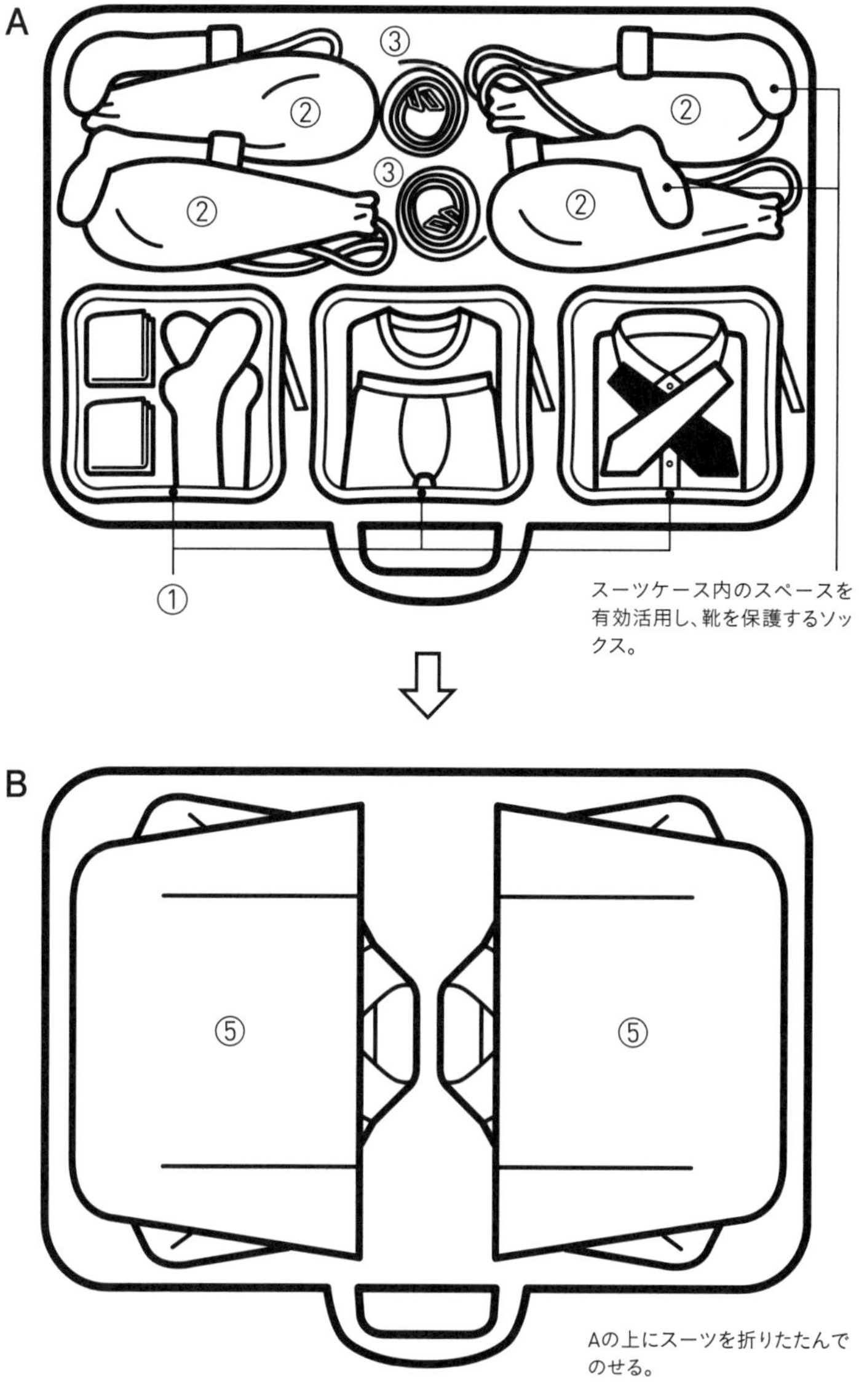
A
③
②
②
③
②
②
①
スーツケース内のスペースを有効活用し、靴を保護するソックス。
B
⑤
⑤
Aの上にスーツを折りたたんでのせる。

パッキングの一例（私の場合）

Q 47

機内持ち込みバッグの中身、いつも何を入れようか迷う

スーツの着替え、到着後の打ち合わせの仕事道具一式を機内持ち込み用バッグに入れ、ロストバゲッジに備えて万全の態勢をとるようにしてください

A

ロストバゲッジでも仕事を遂行できる態勢を

私は常々、「できる人ほど荷物が少ない」と感じていますが、飛行機、特に国際線に乗る際の手荷物は少し事情が変わります。

手荷物は貴重品と機内で使うもの、到着後すぐに必要なものだけにして、あとは預け入れ荷物にされる方も多いでしょう。しかし、飛行機の預け入れ荷物にはロストバゲッジのリスクがあります。運悪くロストバゲッジにあったからといって、商談を先延ばしにはできません。預け入れ荷物が1～2日間手元にない状態でも、仕事に支障をきたさない態勢を整えておかなければならないのです。

仕事道具、資料やサンプル、現地で替えのきかないものは絶対に機内持ち込みで。スマートフォンやタブレット、パソコンを手荷物にするのは当然ですが、意外に見落としがちなのが、充電ケーブル。充電が切れてしまっては、どんなに大切なデータも使い物になりません。

ホテルにチェックインして翌日から仕事、という方は、スーツ以外で飛行機に乗ることもあるでしょう。その場合にはビジネスウエア一式を手荷物に入れること。ビジネスマンとして、重要な商談に、スーツを身に着けていない「丸腰」で行くことは絶対許されません。どんなトラブルがあろうと、仕事を遂行するのがビジネスマン。リスクマネジメントができない人は、大きな仕事を任せてもらえません。

私は仕事柄、スーツなしでは仕事相手と顔を合わせることもできませんから、スーツで搭乗する場合にもビジネスウエア一式を持ち込みます。スーツを着ていないときは、2日分（スーツ1着、ワイシャツ2枚、ネクタイ2本、ドレスシューズ1足、ベルト1本、靴下、下着、ハンカチ、ポケットチーフ）を、機内持ち込みバッグとは別にガーメントバッグに入れて持ち込みます。荷物は多くなりますが、安心には代えられません。「ロストバゲッジで……」という言い訳ほどかっこ悪いものはないと思っています。

機内持ち込みのバッグはB４ファイルサイズ

機内持ち込みのバッグは、B４ファイルサイズ対応で、幅約45㎝×高さ約30㎝×マチ15㎝以上のものがベスト。サイドのジッパーなどでマチ幅を拡張できる機能があると、荷物が増えたときに対応できます。また、前面にジッパー付きの大型ポケットがついていると、本や資料などがサッと出し入れでき、便利です。

バッグの中にはまず、パソコン、スマートフォン、各種充電ケーブル類、ビジネス関連の書類、サンプルなど、前述した通り、到着後すぐ使うもの、替えのきかないものを入れます。そのほかに必要なのは、機内で快適に過ごすためのもの。快適グッズはみなさんそれぞれあると思いますが、私が絶対に持っていくのは、次の3つです。

●ノイズキャンセリングのヘッドフォンやイヤフォン……フライト中のストレスになる飛行機のエンジン音をシャットアウト。耳栓よりこちらのほうが効果的なので、音楽を聴かない人もぜひ。

●機内用スリッパ兼ホテルの部屋履き……飛行機でスリッパが配られることもありますが、やはり履きなれたもののほうが快適に過ごせる。ホテルの部屋履きにもなるバブーシュがおすすめ。(223ページ参照)

●ハイゲージのカーディガンや薄手のストール……温度対策用。エアコンがきいているため、夏場でも機内は意外と寒い。薄手のストールは首に巻いたりひざ掛けにしたりと応用がきくので便利。

Q 48

コンパクトで
シワにならない
スーツのたたみ方は?

機内持ち込みできる、
B4サイズになるスーツのたたみ方を
お教えします

A

コンパクトでも、スーツの形が崩れず、シワもなし

スーツはハンガーにかけてスーツケースやガーメントバッグに入れないと持ち歩けない、なんてことはありません。手順さえ覚えれば、B4サイズ（約26㎝×約36㎝）程度にたたむことができます。もちろん、シワにならず、型くずれもしない方法で。

B4サイズになれば、機内持ち込みも簡単。海外出張はもちろん、国内出張でも役立ちます。例えば、焼き肉店など臭いの気になる場所や、カウンターの店など荷物の置き場がないところで上着を脱ぎたいときも、次ページの1～5のたたみ方が大活躍します。表面積が少なくなる分、臭いがつきませんし、裏返しなので汚れが付着する心配もありません。シワ防止にもなります。私も、私と同業の人も、上着をたたむときは必ずこの方法を使います。焼き肉店で上着をくるっと裏返してたたんでいる人がいたら、ファッション業界の人かもしれません。

スーツのたたみ方

1

スーツの上着の肩パッドの内側に両手を入れる。

2

左右の手のひらを合わせるように背中側に折る。

3

襟を立てて、そのまま裏地が見えるようにひっくり返す。この段階で、約25cm幅の短冊状になる。肩パッド同士が重なっている状態。

4

丸めるように三つ折りにする。

5

プレスラインに沿ってたたんだパンツを、4に巻き付けるようにしてぐるりと包み、ロイヤルメールレターバッグに入るサイズに折りたたむ。

Q 49

出張に、何足も靴を持って行きたくない

手持ちの靴を、
全天候型ビジネスシューズに
チューンナップする方法があります

A

これ一足で雨が降っても安心。ラバーソールに替えて、全天候型に

「向こうで雨が降ったら靴がダメになるなぁ……」「雪が降ったら滑るかも……」。出張先で起こるかもしれない、足元の問題。だからといって、天候に合わせた靴を何足も持っていくのは大変。そこで私が提案するのが、手持ちの靴のチューンナップです。革底のビジネスシューズをベースに、ソールをカスタマイズしましょう。

手っ取り早いのは、靴底自体を滑りにくいラバーソールに交換すること。シューズリペアの専門店で、おそらく1万5000円前後でできるでしょう。ラバーソールにもいろいろありますが、私は英国製の「ダイナイトソール」をおすすめします。地面に吸い付くようなグリップ力で、濡れた地面でも安心。多少の雪なら滑りません。耐久性も抜群です。クッション性にも優れているので、ヨーロッパやアメリカの都市の石畳でも歩きやすい。しかも、横から見てもすっきりしたフォルムで、ドレスシューズのフォーマル感が崩れません。

雪道には対応しなくてよい、というなら、かかと部分をゴムのヒールに交換し、靴

底の土踏まずから前の部分に薄いゴムのシート状のハーフラバーソールを装着する方法も。これなら９０００円前後でできます。土踏まず部分は元の革底なので、通気性を保ちながら雨天でも滑りにくく、そこそこグリップ力もあります。

すでにもう長いこと履いていて、そろそろ雨の日用にしようかな、そろそろ靴底を張り替えようかなと思っていた靴があったら、チューンナップのチャンスです。靴底の張り替えは、革よりラバーのほうが安くあがりますから、ぜひシューズリペアの店で相談してください。

カスタマイズするなら、底の張り替えがきくグッドイヤーウエルト製法の靴がベスト。アッパーがスエードのものですと、滞在先でもブラシ一つでお手入れでき、雨に濡れたあとの塩吹きもないので、長期出張にはとても重宝します。

タイトなスケジュールでも、最低限の靴の手入れはビジネスマンとして必須ですから、あらかじめ手入れがラクなものを持っていく（履いていく）のが正解です。

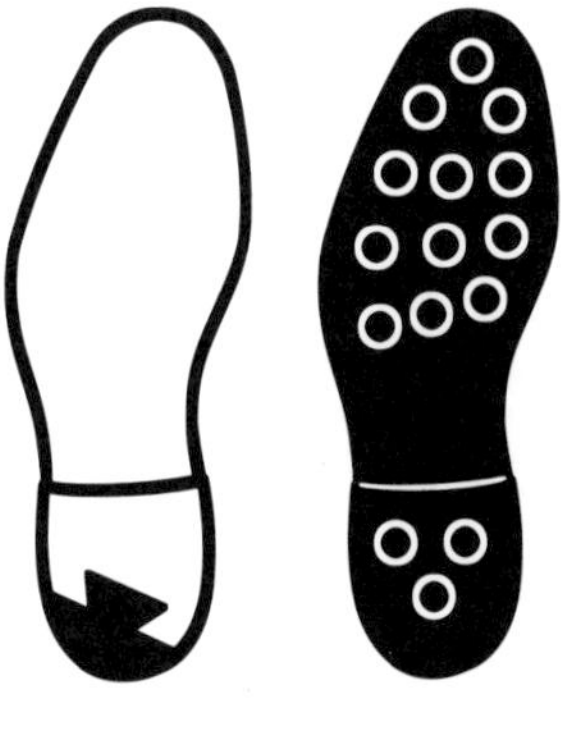

レザーソール（左）に比べると
グリップ力が高いダイナイトソール（右）。

Q 50

アイロンなしでもサマになるワイシャツはあるの？

アイロンかけなくてもサマになる、シャンブレーシャツは出張の強い味方。ドレスコードが許すならば、ぜひ活用してください

A

シャンブレーシャツならアイロンなしでも気にならない

アイロンをかけなくてもＯＫ、といっても、ポリエステルのノーアイロンシャツや形状記憶シャツではありません。私はコットン１００％のシャツしか着ないので、形態安定などのシャツは、アイロン不要だとしても着ることはありません。ここでおすすめするのは、**コットン１００％でアイロン不要のシャンブレーシャツ。**薄いデニムのような風合いがある、ブルーの生地のシャツです。

デニムっぽいブルーというと、カジュアルブランドのダンガリーシャツを思い浮かべてしまうかもしれませんが、私のおすすめは、ドレスシャツと同じ縫製で作られた、ビジネスシャツのコーナーに置いてあるシャンブレーシャツです。これなら、少しだけ色の濃いブルー系のシャツとして、スーツやジャケットにタイドアップでコーディネートすることができます。**欧米のビジネスシーンではすっかり市民権を得ていて、よほどお堅い業界でないかぎり、商談などでも問題なく着ていただけます。**カジュアルなミーティングやクールビズなどで、ノータイのジャケットスタイルに合わせたり、休日にジーンズなどのカジュアルなパンツに合わせることもできます。

シャンブレーシャツが「アイロン不要」と言い切れるのは、多少シワがあっても気にならないからです。ポプリン（ブロード）のドレスシャツはピシッとアイロンでプレスされていないとサマになりませんが、シャンブレーシャツはむしろ、プレスせずに自然なシワ感が残っているほうが、素材のもつ少しカジュアルな雰囲気を上手く演出できます。着用によりシワができてしまってもくたびれた印象にならず、長時間のフライトにも向いています。

私はこのシャンブレーシャツを、出張先のホテルの部屋で、自分で手洗いしています。シワを伸ばすようにしてハンガーにかけ、エアコンの風があたるところに干しておけば、翌朝には乾いており、そのまま着るだけ。襟もカフス部分も、アイロンをかける必要はありません。

アイロン不要がお望みで、タイドアップする必要がなければ、ワイシャツの代わりにタートルニットをスーツに合わせるのもおすすめです。こちらも自分で手洗いできます。タートルニットについては254ページを、ニットの手洗い方法は、146ページをご覧ください。

Q 51

長期出張中のクリーニング。宮崎さんはどうしていますか？

国によってクリーニング事情は
異なります。
自分で洗ったほうが安心・確実な場合、
ホテルの部屋で手洗いしています

A

ロンドンのクリーニングはシャツの襟がカチンカチンに

これもよくされる質問です。長期出張でのクリーニング対策については、出張日数によって違ってきます。出張先で着替えを洗うかどうかの境界線は、1週間。それ以内なら日数分のワイシャツや下着を持っていきますが、それ以上なら洗濯を前提に荷造りします。着替えで荷物を増やすくらいなら、仕事に役立つものを持っていきたいと思っているからです。

基本的に海外出張で初めて滞在するホテルでは、クリーニングは利用しません。ホテルの部屋で手洗いです。なぜなら、海外でのクリーニングは、リスクが大きいから。滞在する国・都市・ホテルによって、その技術が大きく異なり、私も何度か痛い目にあっています。

例えばロンドンのホテルで契約しているクリーニング店では、シャツを高温で強力にプレスすることが多く、シャツが傷んで戻ってくることがかなりの頻度でありま す。細い番手の糸を使った高品質のワイシャツは高温に弱いため、ほぼ縮んで戻ってくるといっても過言ではありません。そのうえ、強力な糊付けで襟はカチンカチンに。紙に注意書きをして渡してもダメ。なんでもかんでもカッチリ、ピターッと、仕上げられてしまいます。技術云々というよりは習慣、お国柄なのかもしれません。

また、アメリカでは、クリーニングサービスを受け付けているホテルが少なく、自分でクリーニング店まで持っていかなくてはいけません。しかも、土日はお休みの店がほとんど。私もニューヨークでクリーニング店探しに苦労した覚えがあります。クリーニング事情が悪くない都市でも、滞在日数が1~2日だとクリーニングサービスが利用できないことや、出発までに仕上がらないことがあり、出張先でのクリーニング問題は、けっこうなストレスになるものです。

一方で、アイロンとアイロン台は、ほとんどのホテルで用意されています。各部屋に装備されているホテルもあれば、プレスルームと呼ばれるアイロンとアイロン台を自由に使える部屋があって、道具はフロントで貸し出しているところもあります。お金を払ってお気に入りの服を台無しにされたり、仕上がりが間に合わなかったり、そんなリスクを負うくらいなら、**私は多少手間がかかっても安心・確実な手洗いを選びます。**

宮崎流　出張先洗濯術

それでは、私が出張先で実際に行っている手洗い術をお教えしましょう。

日本から持っていくのは、部屋干し用の洗濯洗剤。液体のものは飛行機に乗るときに何かと面倒なので、粉末の小分けパックがいいでしょう。小分けパックといっても1回では使いきれませんから、袋の角を少し切って少量だけ出し、残りは端からくるくる丸めてセロハンテープなどで留めておきます。洗濯洗剤を忘れてしまった場合はボディソープやシャンプーで代用できますが、より丁寧にすすいでください。

もうひとつの必需品は、洗濯ばさみが8個くらいぶら下がった小さなピンチハンガー。靴下や下着を干すのに使います。バスルームに物干し用のワイヤーがついているホテルもありますが、ワイヤーですと靴下などを二つ折りにして干すことになり、なかなか乾きません。エアコンの風があたるところなど、乾きやすい場所に干すためにも、ピンチハンガーは必須です。トラベルグッズ売り場にもありますが、１００円ショップのもので十分。真ん中で折れるタイプが持ち運びやすく、私は、ハンカチ用と靴下用と2つ持っていきます。ハンガーもホテルによってはクローゼット以外かけられないことがあるので、2本くらい持っていくと安心です。

旅先での手洗い方法

洗い方の手順は、ニットでご説明します。

ニットは、ホテルのアメニティのシャンプーとリンスを使い、146ページと同じ方法で洗ってください。ワイシャツもシャンプーで洗えますが、香りが残りすぎてしまうので、私は洗剤を使っています。

まず、ホテルの部屋の洗面台に少量（小さじ1／2くらい）のシャンプーを溶かし、その中にニットを入れて、水を通すようにして手洗いします（ワイシャツの場合は、軽くもみ洗いをして、襟や袖口が気になるときはボディソープをつけてこすると皮脂汚れが落ちやすくなります。ちゃんと洗うのは帰宅してから洗濯機におまかせするので、ここでは軽く汗を落とす程度で十分）。すすぎは水を替えて2回行います。

洗い終わったら、ベッドやテーブルの上にバスタオルを敷き、その上に水けを切っ

出張先での洗濯物の乾かし方

1

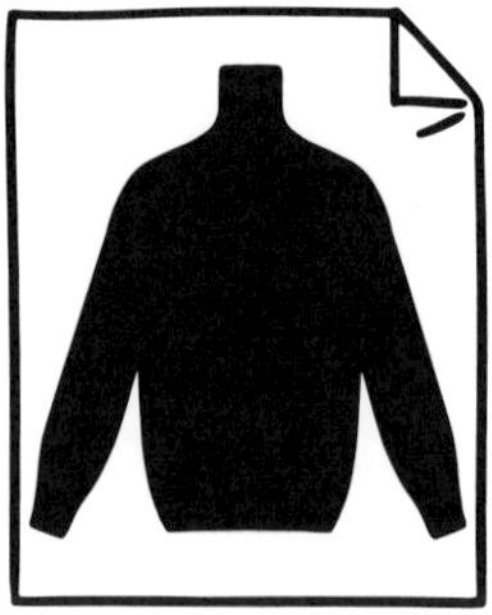

洗濯をした後、服にストレスをかけずに脱水するには、未使用のバスタオルを広げ、そこに洗ったものを広げる。

2

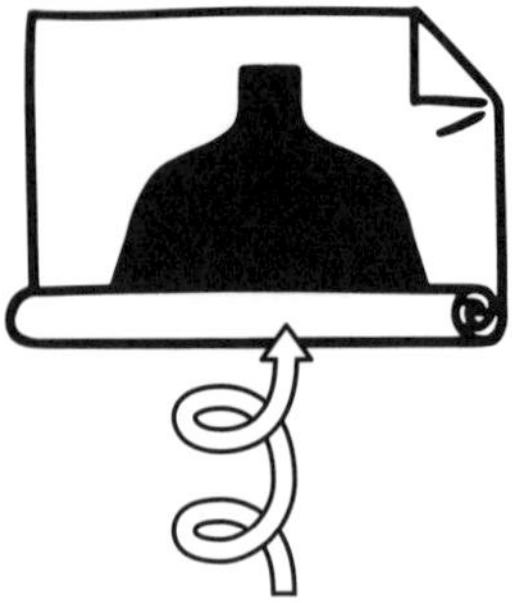

広げた洗濯物を巻き込みながら、バスタオルを巻いていく。

3

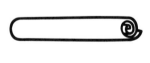

全部巻き終わったら、軽く押して(シャツの場合は力を加えてもOK)、バスタオルに水分を吸い取らせる。

4

ニットの場合は、吊って干すと伸びてしまうので、平らな場所に広げて自然乾燥させる。

たニットを伸ばしながら広げます。そして、端から洗濯物ごと、バスタオルをくるくる巻きます。巻くとき、ニットの場合は力を入れないようにしてください。ワイシャツは力を入れても大丈夫です。巻き終わったら、その状態のまま、端から部分ごとに小分けに軽く押していきます。これで脱水終了。シャンブレーシャツなどシワが気にならないものなら、そのまま絞ってもいいですが、バスタオルを使って水分を吸い取れば早く乾きます。ホテルの部屋にはたいてい、バスタオルが2枚置いてありますから、有効に活用しましょう。

長期出張の場合、洗濯を前提に荷作りしているので、下着、靴下なども同じ要領で洗い、タオルドライします。下着と靴下とハンカチは2日分くらいまとめて洗い、バスタオルの上に全部並べ、いっぺんに脱水しています。

速く乾かしたいときはドライヤーで

干すのはバスルームでもいいですが、エアコンの風があたるところに干すと、早く乾きます。シャツは142ページでご説明したのと同じように、引っ張りながらハンガーに、靴下やハンカチは持参したピンチハンガーに干してください。ホテルの部屋は乾燥しているので、大概の場合、一晩で乾きます。

翌朝すぐに着たい、荷物に詰めたい、など、早く乾かしたいときは、ヘアードライヤーを使ってください。表から温風をあてると縮む恐れがあるので、内側から温風を入れるのがポイント。ワイシャツはボタンを全てかけ、襟を全部立ててハンガーにかけます。その状態で片方の袖口からドライヤーを差し込み、最大風力で温風を出します。そうすると、ワイシャツが温風をはらんで膨らみ、布団乾燥機の袋状態に。このとき袖を軽く動かすと、温風の流れがスムーズになり、全体に行きわたります。だいたい乾いたという状態で干しておけば、翌朝には完全に乾いています。

逆に、水分を多く含んでいる状態から始めるより、一晩エアコンの風があたるところで干したあと、仕上げにこのドライヤーテクを使うと、手間が省けます。最後に襟とカフスなど、上着を着たときに見える部分だけアイロンをかけて完了です。

仕事で疲れているのに手洗いなんて、と思われるかもしれませんが、1日分ならあっという間。慣れれば10分もかかりません。濡れたものを干すことで部屋の乾燥も防げますから、出張先での部屋洗いはおすすめです。

Q 52

滞在先のホテルで部屋履きはどうしてる？おすすめはありますか？

モロッコの伝統的な履き物
バブーシュなら、部屋から出ても
大丈夫なのでおすすめです

A

機内とホテルの履物は兼用で

ホテルで履く部屋履きは、何でもいいと思いますが、私がここ何年も愛用しているホテルの部屋履きは、モロッコの伝統的な履物、バブーシュです。旅行用のスリッパも使ったことがありますが、あれですと部屋の中限定で、外に出るときは靴に履き替えなければいけません。部屋着にドレスシューズを合わせるわけにはいきませんから、別にもう一足持っていくことになり、とても不便です。

バブーシュはもともと屋外で履くものですから、ホテルの廊下はもちろん、そのまま朝食にも、近くのコンビニにも出られます。かかと部分がないので、脱ぎ履きのしやすさはスリッパと変わりませんし、ソックスがあってもなくてもいけます。季節も関係ありません。

たたむとペタンコになりかさばらないので、私はこの万能バブーシュを、機内持ち込み荷物に入れて持っていきます。長時間のフライトでも足元が解放されて快適です。飛行機によってはスリッパがついていますが、自分の気に入ったものを使えるというのは、安心感とリラックスにつながります。

　出張頻度が高くて快適に過ごしたい方は、布スリッパに比べて耐久性が高く、長く使えるバブーシュに、ある程度お金をかけてもいいのではないでしょうか。といっても、ドレスシューズメーカーが作っている革のスリッパが3万円くらいするのに比べバブーシュは1万円以下で買えますから、お手頃です。私は海外の雑貨店で買いましたが、ネットショップでも売っているようです。検索すると、つま先の丸いものがたくさん出てきますが、あれですと、いかにもスリッパに見えるので、つま先のシャープなタイプがスタイリッシュでおすすめです。部屋の外でも履ける部屋履きをお探しなら、ぜひ一度試してみてください。

ホテル内や長時間のフライトの足元は
バブーシュでリラックス。

質問頻度
第5位

休日のファッション「何を着ればいいのかわからない」

Q 53

体型に自信がない。オジサンでもはけるジーンズはありますか？

大人の男には、ジーンズメーカーの
定番・新定番がしっくりきます

A

ジーンズ選びの基準、再確認

「ジーンズは何をはいたらいいの?」と言う前に、まず「何をはいたらダメなのか」についてお話ししたいと思います。特に「大人の男性のジーンズ」としてNGなものが次に上げる3つになります。

①股上が浅く、ストレッチが入ったピチピチの「スーパースキニーパンツ」

これは絶対にはかないでください。バキバキに鍛えた上半身とスラリとした下半身の韓《はん》流スターならサマになりますが、おなかぽっこり、太ももむちむちのおじさんが着ると……、目もあてられません。このジーンズにパツパツ(ぴったりサイズ)のチェスターフィールドコートをはおり、冬なのに素足のおじさんを見かけますが、はっきり申しあげてイタいです。大人の男性がしてサマになるコーディネートではないので、絶対にしないでください。

②激しいダメージ加工、不自然なユーズド加工が施されたジーンズ

NGジーンズの中でも特によく見かけるのが、激しいダメージ加工による色落ちや破れ、不自然なユーズド加工による中途半端なはきジワのあるタイプです。はきジワや色落ちは、はきこんでついたものと加工によってつけられたものの違いは一目瞭然。はきこんだ感じが欲しい気持ちはよくわかりますが、人工的につけられたシワや色落ちは整形感丸出しで、逆にカッコ悪く見えます。ハイブランドのものを含め、こうしたタイプのジーンズは大人が買うジーンズにふさわしくありません。

③大きくロゴの入ったラグジュアリーブランドのジーンズ

最も多いのがこのタイプ。これは、ジーンズを買うのではなく、ロゴを買う行為です。数年前に、とあるラグジュアリーブランドのジーンズを買うために行列ができたことが話題になりました。実は、そのジーンズはメイド・イン・ジャパンのもの。岡山県で作ってフランスに輸出し、ブランドのロゴがついて戻ってきたら7万円になっている、それが欲しいというのですから、ブランド信仰はまだまだ根強いようです。

他にも、80年代に流行したケミカルウォッシュのジーンズ、裾が広がったフレアーやブーツカットのジーンズも、大人の男性には似合わないのでやめてください。

全ての人に似合うジーンズは存在しない

雑誌では実に頻繁にジーンズの特集をしています。そこには人気ブランドのジーンズや海外のセレブが着用しているジーンズが掲載され、それにつられてつい買ってしまう方も多いようです。実はジーンズ選びの失敗はここにあります。

どんなにカッコいいジーンズでも、体型に合っていなければ、その買い物は失敗です。全ての人に似合うジーンズは存在しません。必ず試着をして、自分の体に合うかどうかを見極めてから購入されることをおすすめします。

試着をするときには、必ず前後のサイズも試してください。「いつも30インチだから」と、それだけを試すのは失敗のもと。**ブランドやメーカー、デザインでサイズ感は違ってくるので、思い込みでの購入は危険です。**また、リーバイスの501など定番のものであっても、常に微妙なアレンジがされているので、**どんな場合でも購入する前の試着はマスト。**「適正サイズのものを慎重な試着のうえで」と覚えておいてください。

おすすめは、ジーンズメーカーの「定番」や「新定番」

結論として、私がおすすめするのはジーンズメーカーの「定番」や、定番をアレンジした「新定番」のジーンズ。定番となっているだけに、品質がよく安心です。具体的には、リーバイスの501、501CT、Leeの101。「ワンウォッシュ」と呼ばれる濃いめの紺色で、程よくゆとりのあるストレートフィットなので、ポロシャツからジャケットまで幅広くコーディネートが可能な〝万能アイテム〟といえます。ジーンズは主役になることはありません。ジーンズ単体のシルエットやデザイン優先で選ばず、何とどうコーディネートするのかを考えて選んでこその〝万能アイテム〟となるのです。どれも高品質で適正価格、1万〜1万3000円くらいで購入できます。

そして、**大人の男性のジーンズコーディネートを成功させる鍵は、革靴です**。ジャケットにジーンズ、そして革靴。デザートブーツやチャッカブーツ、デッキシューズが好相性。ブーツの場合はソックスが見えない丈が基本ですが、デッキシューズはパンツの裾が長いとやぼったくなるので、くるぶしが見える丈にしてください。イラストのように折り返す場合には、その分の長さも計算して購入されるといいかもしれません。レングスを選べる場合は、合うものを選び、できるだけ裾上げしないことをおすすめします。

はきこんで自然に色落ちした風合いの出たジーンズをさっそうと着こなしていただきたいものです。

これで解決

- ■ジーンズメーカーの定番、または新定番
- ■慎重な試着で自分の体に合うサイズを選ぶ
- ■靴も含めて何に合わせるかを考えて裾丈を決める

Q 54

休日のコーディネート。足元が決まらなくて困る

「休日＝スニーカー」という考え方はやめてください。
大人の男性が休日に履くべき靴は他にもあります

A

どこまでいっても、スニーカー。行動が制約されることも

スニーカーを否定するわけではないです。ジムに行くときや子どもの運動会など、それにふさわしい場所なら問題はありません。ただ、ジーンズにも共通することですが、スニーカーに対する想いが強すぎて「ジーンズ道」「スニーカー道」となり、5万、10万円でも買うことに抵抗がなくなっているケースがあります。どこまでいっても、スニーカーはスニーカー。それを前提に、ここではお話ししたいと思います。

ほとんどの方が意識されていないのが、足元でスタイリングが台無しになっているということです。バッグと同様に、靴は印象を左右する重要なアイテム。**服がラフでも、靴がちゃんとしていれば、きちんと見えるので、休日だからといって安易にスニーカーを履くのは、やめてください。**外出するときには靴にこだわり、靴で差をつける気持ちを忘れてはいけません。

「差をつける」と聞いて、ラグジュアリーブランドのスニーカーを選んでしまう人がいます。かかとに大きくロゴが入っていてはスタイリングも台無し。それに、アルマ

ーニであろうとヴィトンであろうと、スニーカーはスニーカー。ドレスコードのあるレストランでは門前払い、ゴルフ場のクラブハウスにも入れません。大人の休日の行動が、スニーカーを履いているだけでかなり制約されてしまうのです。そもそも、ラグジュアリーブランドのスニーカーは、バカンス地で履くもので、街中で履くものではありません。

スニーカーのラフな雰囲気を好む方も多いでしょう。ただ、スニーカーはおろしたてのまっさらな状態が格好よさの頂点で、その後どんどんみすぼらしくなっていくことをお忘れなく。手入れによっては、多少きれいに保てるものの、特殊なアイテムを除いてはドレスシューズのように修理しながら履くとか、長く履いて味が出るというものではなく、基本は使い捨てるもの。ですから、私は、スニーカーに使う金額は1万円前後と思っています。出しても2万円ぐらいまで。**スニーカーは老舗メーカーのものを適正な価格で買ってください。**

スニーカーを履く前に選ぶべき靴はある

なぜみなさんはスニーカーを履くのでしょう。答えは単純、ラクちんだからです。ならば、スニーカーのようにラクに履けて、きちんと感も演出できる靴があればよりいい、ということになります。例えば、春夏ならドライビングシューズやデッキシューズが条件に当てはまります。ただし、ドライビングシューズは車の運転用に作られたもので、歩行用に作られていないためにかかとが弱く、雨の日も履けません。実用性を考えると、デッキシューズに軍配があがります。何しろ、船の甲板で履くために作られた靴ですから、水に強く、濡れた床面でも滑りにくい。梅雨時などは本当に重宝します。

私がおすすめするデッキシューズは、パラブーツの「バース」。高品質の革を使っていて、耐久性抜群。メーカー純正の替えソールがあり、手軽にリペアもできますが、私が夏に週2〜3回の頻度で6年間履き続けていてもソールはリペアするほど減っていませんし、アッパー部分も全く問題ありません。なんで減らないの？　って、こわいくらいです。価格が3万円弱で、修理もメーカーの純正で1万円かからずにできるとなれば、スニーカーよりも断然お得で、しかも履き心地も抜群です。アディダスの「スタンスミス」よりも軽く、ラクなので、個人的にはスニーカーを履く理由がありません。

スニーカー並みの履き心地でジャケットスタイルにも使える万能靴

他におすすめするとしたら、スエードのデザートブーツかチャッカブーツ。どちらも通年履くことができますが、ブーツなので秋冬の装いによりマッチします。

デザートブーツは靴底がクッション性の高いゴム素材のクレープソールで、スニーカー並みの履き心地。むしろ、こちらのほうがラクかもしれません。しかもジャケットスタイルにも対応するきちんと感があります。

おすすめは、「クラークス」のデザートブーツ。上質な革を使い、縫製もしっかりしていて、約2万円とは思えないクオリティの高さ。「元祖・休日スタイルの万能靴」として、自信を持っておすすめします。ただ、デザート（砂漠）で履くための靴だけに、雨に弱いのが難点です。

スエードのチャッカブーツも、ラバーソールを選べば、全天候型でオールシーズン、オールマイティーに活躍します。ドレスシューズとしてスーツにも対応し、雨にも強く、なおかつお手入れも簡単。万能靴として、この靴の右に出るものはありません。おすすめは、**靴底にダイナイトソールを使用した「グレンソン」**。クラークスに比べて値段が高いのが唯一の難点ですが、耐久性が高く長持ちするので、モトはとれると思います。

スニーカーも一部のメーカーではソールの張り替えが可能ですが、そこまでして履く靴ではないと私は思っています。ジムや運動会など、履くシーンは確かにあります。でも、もし身だしなみを向上させたいと考えておられるのなら、**「休日＝スニーカー」ではなく、他の選択肢にも目を向けてください**。「スニーカーはラク。革靴はラクじゃない」というのではなく、スニーカー並み、むしろそれ以上の履き心地の靴があるということをぜひ実感していただきたいと思います。

Q 55

オフスタイルの
バッグ、
どんなものを
選べば正解？

全身に対するバッグの大きさの
バランスを考えましょう。
おすすめは、A4サイズのシンプルな
2ウェイバッグです

A

まるで江戸時代の旅人！　ボディバッグはバランスが悪い

「休日のバッグはどうしたらいいですか？」

これもよく受ける質問です。ただ、こうした質問をされる方の多くは、休日用としてのバッグをすでにお持ちです。それは、短パン・Tシャツスタイルに合うボディバッグ、またはアウトドアメーカーのカラフルなリュック。でも、「こんなのじゃダメですよね？」「どんなバッグがいいですか？」と、おたずねになるのです。

バッグを選ぶ際には、「何を入れるか？」を考えます。休日の持ち物は、スマートフォン、財布、文庫本、鍵のついたキーホルダーなど。単純に実用面で考えると、小さいバッグで十分です。ただし、多くの方が持っているという**ワンショルダーのボディバッグはNGです。**スポーティーでいいとは思いますが、見ようによっては風呂敷包みを肩に巻きつけている江戸時代の旅人みたいにも見えます。休日に街に買い物に出掛け、レストランで食事でもして帰ろうか……、というときにボディバッグでは、格好がつきません。全身ビシッとジャケットスタイルでキメているのに、「なんだ、あれ？」と言われてしまう破壊力がボディバッグにはあるんです。だからといってバッグを持たず、ポケットがパンパンになっているのも恥ずかしい。

男性の場合、ある程度の大きさが必要です。入れるものが小物ばかりだからといって、バッグまで小さくしてしまうと、全体のバランスが悪くなってしまうからです。**バッグは意外に目立つため、選び方を失敗するとコーディネートを台無しにしてしまう重要なアイテムと心得てください。**

しかも、男性は女性のように頻繁にバッグを買い替えたりしません。コーディネートに合わせてバッグを替える、ということがなかなかできない。だからこそ、「ひとつで、ずっと使えるバッグってないですか？」と相談に来られるのです。

バッグを選ぶときは、「スマートカジュアル」（51ページ参照）**のドレスコードでも使えるということを基準にすると**、ジャケットスタイルにも、デニムにポロシャツスタイルにも使うことができます。

買うべきはハイブランドのバッグより、キャンバス&レザーの2ウェイバッグ

では、どんなバッグがいいのか。具体的には、ハンドルが肩からかけられる長さの2ウェイトートバッグ、または、手提げハンドルとショルダーストラップ付きのバッグで、厚手のキャンバス生地とブライドルレザーなどの厚手で男っぽい革とのコンビが理想です。ここで気をつけたいのが、ハンドルが細く華奢なデザインのものは選ばない、ということ。ハンドルがしっかりしていて男っぽいものを選んでください。

全体が革でもいいのですが、天候によって使えない場合があることと、どこにでもラフに置くことができない、などの理由からキャンバスとレザーのコンビのほうが使い勝手がいいと思います。もちろん、汚れなど気にならない、という方はレザーのものでも問題ありません。

サイズは、小さすぎると女性っぽくなるので、A4サイズがベストです。さらに、口の開いたトートではなく、ジッパー付きであればなおいいと思います。

色は、アウトドアメーカーのバッグのような発色のいいものではなく、ベージュやネイビーなどを選べば、ジャケットスタイルにもカジュアルスタイルにも使えます。

男性の場合、気に入ったら長く使う傾向があるので、耐久性があって長く使える、ということも選ぶ条件に入ります。

おすすめは、アメリカのブランド「フィルソン」のキャンバス×レザーのコンビのバッグ、または東京のブランド「ボーデッサン」の牛革のバッグ。どちらも値段とのバランスもよく、耐久性に優れていて10年以上は使えます。キャンバスとレザーのコンビなら3万円前後、オールレザーなら5万円前後というのが、値段の目安です。

ハイブランドのバッグもいいのですが、そうなると**「ハイブランドのバッグ」ということばかりが印象に残り、持っている人の顔が見えなくなってしまいます。**強烈な印象を与えるだけに、いつも同じであることも目につきやすく、ツラいですよね。ですから、男のバッグはさりげないデザインのものが一番。いろんなシーンで違うバッグを使い分けできればいいですが、男性の場合、そうはなりません。さりげないデザインのもので、オールマイティーに使えて耐久性の高いもの、と考えても、前に挙げたふたつは、自信をもっておすすめできるバッグです。

『フィルソン』
ジップトートバッグ

アメリカのビジネスマンの多くも活用している「フィルソン」のバッグ。「適正価格で何かいいバッグはないか」と言われたときに自信を持っておすすめできるバッグ。

『ボーデッサン』
2WAYトートバッグ
オイルバッファローシリーズ

東京都内にあるメーカー「ボーデッサン」のバッグ。機内持ち込み用のバッグとして活用している人も多い。ポケットが多く、使い勝手がいい。

Q 56

子どもの行事のコーディネート①インドア編

参観日、ピアノの発表会などには、どんな服装で行けばいいの？

トレンドやファッションが
通用しないのが子どもの世界。
ジャケット、またはカーディガン着用で
間違いありません

A

スリッパに履き替える可能性も。靴下に要注意

かつて、息子の小学校の父親参観で大失敗した経験があります。ジャケットにプレスラインの入ったパンツを合わせ、足元は素足にローファー。きちんとジャケットを着て行ったにもかかわらず、学校ではスリッパに履き替えることをすっかり忘れていました。友達に「お前のパパ、靴下履いてなかったな」と言われたようで、「なんで靴下履いてこなかったんだよ」と、息子に泣かれてしまいました。

こんなふうに、学校に行きスリッパに履き替える、子どもの友人宅に招かれて靴を脱ぐ、という場合は足元に注意が必要です。靴を脱ぐことが予想されるときは、素足厳禁、必ず靴下を。インヴィジブルソックスもNGです。**子どもは純粋な気持ちで、私たちが想像する以上によく見ています。トレンド感よりも、きちんとしているかどうか**、なのです。

ちなみに、カジュアルスタイルのときに私が愛用しているソックスは「チャンピオン」のリブタイプのグレーソックスです。リブ部分のフィット感がよく、足裏部分に

クッション性があり履き心地も上々。色はライトグレーなので清潔感もあります。定番品なのでどこにでも売っていて調達しやすいのも魅力。もう長年履き続けています。

おしゃれをすると大失敗？　大切なのは「きちんと感」

ピアノやバレエの発表会など、子どもの晴れ舞台である場合は、ジャケット着用が理想です。子どもにとって大切なのは、お父さんがきちんとしているかどうか。最新のファッションに身を包み、アクセサリーをつけている父親よりも、少々ダサくてもきちんとジャケットを着たお父さんのほうが「カッコいい」のです。**おしゃれを気取ると大失敗、トレンドやファッションセンスは必要ないと心得てください。**

この場合のジャケットには、肩パッドや芯素材、裏地などを省略して仕立てられたアンコンジャケットがおすすめです。ビジネス仕様とは違うリラックス感がありながら、きちんとしているように見えます。ただし、中にTシャツを着るのはNG。せめて襟のあるポロシャツを合わせてください。

ジャケットを着用せず、「シャツ一枚で」というのなら、ポロシャツ、ポロニット、あるいはボタンダウンシャツを着ます。このとき、シャツの裾を必ずパンツに入れること。**パンツはプレスラインの入ったもの**で。ジャケットを着ない分、パンツで「きちんと感」を演出します。パンツは、ウールのパンツ→ドレスチノ→ジーンズの順でカジュアルになりますが、子どもの晴れ舞台にジーンズはNGです。

子どもの友達の家を訪問するときなど、ジャケットだと堅苦しい場合には、カーディガンを着ると「きちんと感」が出ます。インナーは長袖のシャツがベストですが、夏はポロニットやポロシャツでも。袖口と裾が締まっているタイプのほうが、きちんと見えます。繰り返しになりますが、Tシャツは NG です。冬はショールカラー、春夏ならコットンのニットカーディガンで。色はネイビーが合わせやすく、おすすめです。

誰でも失敗なく着こなせるのは、白シャツ+ネイビーのカーディガン+ドレスチノの組み合わせ。これだけでかなり洗練された印象に仕上がります。シンプルな組み合わせですが、組み合わせのイメージを持っていると、いざというときに慌てることがありません。

子どもの行事のコーディネート②アウトドア編

Q 57

運動会、バーベキュー……ラフすぎてもいけないし、何を着よう?

〝ラフ〟と〝だらしない〟を混同してしまいがちなので注意を。目指すべきは、「場に馴染む」服装であることです

A

ダブダブのTシャツに短パンは、もうやめましょう

アウトドアでの子どもの行事の場合、動きやすさだけにとらわれて、ダブダブのTシャツに短パンスタイルになっていませんか？ これは〝ラフ〟なスタイルを通り越して、ただ〝だらしない〟だけなので、NGです。10代や20代ならまだしも、大人の男性、そして父親として参加しているのですから、完全にアウトなスタイルといっていいでしょう。

例えば、運動会。ここでは、競技に参加してもしなくても、理想は〝参加できる〟服装であること。**大きなロゴが入っていない、スポーツブランドのシンプルな服がベストです。**細身のスウェットパンツにスニーカーなら、場に馴染むでしょう。このとき、Tシャツがダブダブだと台無しに。体に合うサイズを必ず試着して購入してください。逆に、ロゴが入ったハイブランドのピチピチのTシャツの人もいます。場違いなばかりでなく、イタい印象になるので、絶対にしないでください。

ジャケットを着ないアウトドアなどのカジュアルスタイルでは、Tシャツやポロシ

ャツ、ジーンズなどのシンプルなアイテムが服装全体の印象を大きく左右します。そして、**シンプルなぶん、サイズが合っていないだけでダサくなります。**つまり、「サイズ感」が勝負の決め手になるのです。

「細く見せたいから」「ぽっこり出たおなかを隠したいから」と、大きめTシャツにダボッとしたシャツを羽織っても、体型はカバーできません。体に合うサイズを着ているほうが、確実に細く見えます。サイズを選ぶときには、「いつもMサイズだから」と安易に選ばず、必ず試着をすること。S・M・Lというサイズは、メーカーやブランドによってかなり差があるので、**カジュアルアイテムこそ、試着で手を抜かない！　というのが鉄則です。**

昼食時に露見する、恥ずかしい足元

運動会では、お昼にレジャーシートの上でお弁当を食べることが多いので、靴下は前の項でも紹介した「チャンピオン」のソックスのような、シンプルなコットンのリブソックスを履いておくと安心です。素足やインヴィジブルソックスはNG。派手な柄のシャツに白のパンツ、素足に革靴、という方を見かけたことがありますが、完全に場違いで、カッコ悪いです。

どんな場合にも共通することですが、**〝場に馴染む〟服装であることが大切です。**

そして、子どもの行事に参加する際には、子どもたちが恥ずかしい思いをしないよう気を配ってあげてください。

これで解決

■スポーツブランドのシンプルな細身のスウェットパンツ、足元はスニーカー
■体型に合ったサイズのTシャツ

Q 58

休日の外出。おしゃれをしたいけど、どうすればセンスよく見えるのかわからない

スーツのインナーにタートル。
それだけでドレスアップカジュアルになるのでおすすめです

A

格好だけじゃない、実用面でもタートルネックを

オフの日に、クルーネックやVネックのニットを着る方も多いと思います。でも、首元は年齢が出るポイント、大人の男性にはできれば隠していただきたい。たまにVネックのセーターを素肌に着ている人がいますが、なんかホストっぽいじゃないですか。そうならないように、エレガントな首まわりを演出してくれるアイテムとしておすすめしたいのが、タートルネックニットです。

食わず嫌いの人が多く、敬遠されがちなのですが、ビジネススーツのインナーを、**シャツ&タイからタートルに替えるだけで、ガラリと印象が変わります。**フランネルなどの起毛している生地やストライプの生地のスーツとなら好相性。休日のドレスアップカジュアルの完成です。

合わせ方のコツは、ネイビーのスーツにネイビーのニット、グレーのスーツにグレーのニット、という同系色の組み合わせにするだけ。数年前は黒や白のタートルが何にでも合わせられるとおすすめしていましたが、ネイビーやグレーは合わせやすいだ

けでなく、**同系色でまとめるだけであか抜け、かなり洗練された印象になります。**

例えば、「中学校や高校の同窓会があるけど、何を着ていけばいいの？」というときは、このスタイルがおすすめです。普段着ているスーツに同系色のタートルネックを合わせるだけで、ビジネススタイルではなく、それでいてかしこまった感じがあり、キメすぎてもない、ちょうどいい感じになるのです。ネクタイとシャツの組み合わせを考えるより簡単で、誰にでもできます。

「似合わない」というのは思い込み。食わず嫌いをやめて試してみる

タートルを敬遠する方がよくおっしゃるのが、「首が短いから似合わない」や「太っているからおなかが目立つ」ということ。体型を理由にする方が一番多いです。ただ、実際に着てみると、全く問題ないことがほとんどです。

「カッコいい人はカッコよく、そうでない方はそれなりに」、昔のコマーシャルではないですが、**タートルニットを着て、カッコ悪くなることは決してありません。**私がこれまでタートルニットをおすすめした方も、みなさんそれなりにサマになり、ター

トルニットを愛用されています。一度着てみると、その便利さを必ず実感していただけるはずですから、ぜひ、チャレンジしてみてください。

まず揃えるのは、ベーシックカラーのハイゲージ

最初に買うのは、着こなしの幅も広がって便利なハイゲージのタートルニットを。細い毛糸で編み、目が詰まっているハイゲージは、一枚でも着られますし、ジャケットのインナーにしてもすっきり見え、重ね着ができるからです。

秋冬はウール、春先の3〜4月ぐらいにはシーアイランドコットン（海島綿）という細番手のコットン素材がおすすめです。シーアイランドコットンは、通年着ても問題ないので、「ウールはチクチクして苦手」という場合は、こちらを選んでください。「春先にタートル？」と思われるかもしれませんが、綿のシャツの代わりにシーアイランドコットンのタートルを着る、と考えれば抵抗なく着ていただけると思います。

色は、明るめのミディアムグレー。白よりも使い勝手がよい明るいグレーで自信が

ついたら、次はネイビーなどを試してください。赤やグリーンなどを買う必要はありません。**黒を一枚目に買う人が多いですが、何にでも合う代わりに、コントラストがつきすぎるので、実は合わせるのが難しい色です。**ミディアムグレーのパンツは、どのジャケットにも合いますよね。パンツと同じように考えるとわかりやすいかと思います。ミディアムグレーのパンツにミディアムグレーのタートル、それにネイビーのジャケット。こうした組み合わせも簡単です。昔、ラルフ・ローレン氏がダブルのジャケットでこのコーディネートをしていました。彼は身長が170㎝ないのですが、写真で見るとすごく大きく見えるんです。タートルはシンプルなアイテムだからこそ、計算しつくして着ると、そういうことが可能になります。

そしていろいろなコーディネートをしてみて、「この組み合わせいいな」「着やすいな」と思うようになったら、次は一枚でサマになるミドルゲージのタートルニットに挑戦してみてください。目安としては、分厚いものではなくて、ジャケットなしでコートを着ることができるもの。ピーコートやダッフルコートの中に着る感じで、といえば、みなさんすでにお持ちかもしれません。ミドルゲージのタートルニットは、ツイードやカシミヤのジャケットと相性抜群。トレンドのニットジャケットやジャージージャケットのインナーにも合い、ボトムスもウールのパンツからジーンズまで幅広く合わせやすいのでおすすめです。

ハイゲージ、ミドルゲージともに、**ジャストサイズを着ることが大前提です。タートルで大きめサイズ、というのはありえません。**ジャストサイズというのは、〃ピタ一歩手前〃という感覚で、タートル部分も首にフィットするものを選んでください。ゆるいタートルはやぼったく見えてしまいます。

タートルニットは、誰が着てもエレガントに見える格上げアイテム。ぜひトライしてみてください。

これで解決

■グレーまたはネイビーのハイゲージのタートルニットを買う
■手持ちのスーツにハイゲージニットを合わせる

ビジネスマン「身だしなみ」用語辞典

あ

アンコン

「unconstructed（アンコンストラクテッド）」の略で、直訳すると「非構築的な」という意味となる。本来必要な芯地や裏地などの副資材を極力省いて仕立てられるジャケットの仕様のこと。軽い着心地になることが特徴。

ウィングカラー

シャツの襟型の一種で、襟先が翼のように折れ、後ろは首に沿った立ち襟となっているデザイン。モーニングやタキシードなどの装いに用いられる。

内羽根

靴紐を通す穴のあるパーツが、甲より前の部分の下に潜り込んでいる靴のデザイン。外羽根と比べ、フォーマルなデザインとなる。

オックスフォード生地

経糸《たて》と緯糸《よこ》を2本ずつ引き揃えて、平織りにした主にシャツ用の生地。織り目がはっきりしており比較的厚手のため、ボタンダウンシャツなど、カジュアルなものによく用いられる。

オニキス

タキシード着用の際に、スタッズやカフリンクスに使われる石。色は黒が一般的。

か

ガーメントバッグ

スーツやジャケットなどの衣類をハンガーにかけたまま持ち運ぶことができるバッグ。

カフリンクス

ワイシャツの袖口を留めるための装身具のこと。日本ではカフスボタンとも呼ばれる。

カマーバンド

タキシードを着用する際に腰に巻く、ひだのついた帯状の装飾品。本来は、オペラのチケットやカジノで遊ぶときにチップなどを入れるために使っていたといわれている。

からみ織り

主にシャツに用いられる生地。ねじりながら交差させた経糸《たて》に緯糸《よこ》を通すことで、メッシュのようなサラッとした肌触りと通気性を併せ持った織物。

強撚糸《きょうねんし》

強く撚りをかけることで、強度を持たせた糸のこと。この強撚糸を使うことで、強度に加え、元に戻ろうとする反発力を兼ね備え、シワになりにくい特徴を持った生地になる。

グッドイヤーウエルト製法

靴の製法の一種。ソールの張り替えが可能なため、高級紳士靴に多い。甲革、中底、細革（ウエルト）を一緒にすくい縫いにし、さらに細革と本底を出し縫いにした靴底。

クラッシュドスタイル

ポケットチーフの挿し方の一種。チーフの端を上にして、無造作にポケットに入れた挿し方。

クレープソール

ゴムの木の樹液から作られる天然ゴムを使用した靴底。天然ゴムならではの反発力でクッション性に優れ、合成ゴムとは違う柔らかい履き心地が特徴。

クレリックシャツ
身ごろと袖が柄か色無地で、襟とカフスを白無地にしたワイシャツのこと。「カラー・セパレーテッド・シャツ」「ホワイト・カラード・シャツ」ともいう。

ゲージ
①パターンオーダーなどで、見本となるサイズサンプル服のこと。サイズが複数あり、この見本服をベースに補正が行われる。
②編機の針の密度を表す単位。1インチ(2・54㎝)間に針が何本あるかを表している。一般的に12ゲージ以上がハイゲージ、5ゲージ以下がローゲージ、その中間的なところがミドルゲージ。

コバ
靴の土踏まず部分より前方を縁取るウエルトのうち、アッパーよりも外側にはみ出た部分のこと。

さ

サキソニー
本来は、メリノ種羊毛で織りあげた高級服地の代表格。梳《そ》毛《もう》糸を使用して織りあげた生地を縮絨してから薄く起毛させた生地。

シアサッカー
〝しじら織り〟とも呼ばれるシアサッカー生地は、波状の縞模様による凹凸感が特徴で夏服に用いられる。白と黒、白と青、白と赤などの配色が特徴。

シャドーストライプ
同色の糸を使い、織り方によって表現したストライプ柄のこと。遠目からは無地のようにも見える。

シャンブレー
主にシャツ生地として使用され、ブルー系が一般的。経《たて》糸に色糸、緯《よこ》糸に白色を使った平織りのコットン素材。

ショールカラー
「へちま衿」とも呼ばれ、帯状の肩掛けの形をした襟。タキシードに用いられる襟型の代表。

スタッズ
スタッド・ボタンのこと。取り外しのできるシャツ襟やカフス用の留めボタンのことで、ボタンの代用をする装身具。ウィングカラーシャツの第2・3・4の3ヵ所のボタン穴に取り付ける。

ストレートチップ
横一文字につま先部分を切り替えた靴のデザイン。キャップトゥともいう。

スキニーパンツ
皮膚のように脚部にぴったりフィットする、非常に細いシルエットのパンツ。

スリーピークス
ポケットチーフの挿し方のひとつ。ポケットから3つの角が見えるようになる挿し方。

背抜き
前身ごろは全部、後ろ身ごろは背中部分を除く肩の辺りだけ裏地を付ける仕立てのこと。

ソックスガーター
靴下の履き口に装着することで、靴下がずり下がるのを防ぐ役割があり、快適なフィット感を得られる。

外羽根

甲より前の部分に、靴紐を通す穴のあるパーツが乗っている靴のデザイン。内羽根に比べ、カジュアルなデザインとなる。

た

台襟

シャツ襟の土台となる帯状のパーツ。

ダイナイトソール

サッカーのスパイクのような見た目が特徴。地面を摑むグリップ力が高く、耐久性にも優れた英国製の靴底。

ダブルカフス

シャツの袖口を折り返して二重にしたもの。ボタン留めではなく、カフリンクスを使用するため、フォーマルスタイルやクラシックスタイルに合う。「フレンチカフ」と呼ぶこともある。

ダブルカラー

非常にデザイン性が高い、二重になっているワイシャツの襟型。

チェスターフィールドコート

フォーマルコートの代表格。ジャケットと同じように、胸と腰にはポケットが付くシンプルなデザイン。

チョークストライプ

スーツ生地のストライプ柄の一種。グレーやネイビー地に、チョークで描いたような白の縞模様が入った柄。

ツイード

英国スコットランド及びアイルランドを主要産地とする紡毛織物の総称。本来は、スコットランド産の羊毛を手紡ぎした太い糸を、平織りまたは綾織りにし、縮絨起毛させない、粗く厚い織物。

ツイル

織り方の分類で、糸が水平に交わるのが特徴の平織りに対し、斜めの線が特徴の綾織物の総称。スーツ地では、春夏物は平織り、秋冬物は綾織りが多い。

TVフォールド(ティー・ビー・フォールド)

最もシンプルなポケットチーフの挿し方で、ポケットと水平にチーフを出す。アメリカのニュースキャスターが取り入れていたことが名称の由来。

ディンプル

ネクタイの結び目の真下に作るくぼみのこと。ディンプルをつけることで立体的な結び目を演出することができる。

な

ナット

タグアヤシの木の実。別名〝アイボリーナット〟とも呼ばれる。表皮を削ったときの美しい地肌とツヤ、木目柄が特徴。染色することにより様々な色が作られる。

ノーベント

ジャケットの裾部分に切れ目がないもの。略礼服などに用いられる。他のデザインに、センターベントとサイドベンツがある。

は

番手

「100番手」など、生地の糸の太さを

あらわす単位。番手の数字が大きくなるほど糸は細くなり、仕上がる生地は柔らかくなる。ワイシャツの場合、光沢があり肌触りの良い生地となる。逆に番手の数字が小さくなると、ザラザラした肌触りとなり、耐久性が高くなる。

ピークドラペル
下襟の先端が上向きになっており、鋭角に尖っているもの。ダブルブレストのジャケットは基本的にピークドラペルになっている。

ビズポロ
ビジネス用のポロシャツの略。ポロシャツに用いられる「鹿の子織り」の生地を使い、ワイシャツと同じように仕立てることで、見た目にはきちんと感を残しながらも、着心地はポロシャツというクールビズに最適なアイテム。

ピンストライプ
点々縞。点々によるペンシルストライプ。

フランネル（フラノ）
紡毛により平織りないし綾織りにして、軽く縮絨・起毛をほどこした毛織物の総称。

プレーントゥ
飾りが一切ない、紐式の短靴の総称。

ブロード
ドレスシャツの代表的な生地。経《たて》糸と緯《よこ》糸の太さが同じ、平織りの生地のこと。「ポプリン」ともいう。

ボウタイ
蝶ネクタイのこと。

ポプリン
ドレスシャツの代表的な生地。経《たて》糸と緯《よこ》糸の太さが同じ、平織りの生地のこと。「ブロード」ともいう。

ま

3つボタン段返り
ジャケットの前ボタンのデザイン。第1ボタンが、ほぼ完全に見えないくらい襟が折り返っているため、第2ボタンだけを留め、第1・第3ボタンは使用しない。

メルトン生地
滑らかな手触りの生地であり、冬の代表的なアウターであるダッフルコートやピーコートなどに用いられる生地。太い番手の紡毛糸で織りあげ、その後十分に縮絨を行い、メルトン仕上げという起毛加工をした厚手ウール織物のこと。

ら

ラバーソール
ゴム製の靴底の総称。

ラペル
ジャケットのカラー（上襟）に続く身ごろの折り返し部分。下襟ともいう。

ローデンクロス
オーストリアのチロル地方に産する厚地の紡毛織物。油脂分の残った糸を用いるので撥水性がある。コート地で使用されるのが一般的。

ロンドンストライプ
ワイシャツ生地に使われる柄の一種。同じ太さのストライプが等間隔に配列されていることのこと。

おわりに

１９８９年の入社以来、松屋銀座の店頭に立ち続けてもう30年になります。お客様の中には、長年通っていただいている〝ご贔屓《ひいき》さん〟も少なくありません。

売り場に立ち続けて実感するのは、接客の回数を重ねていくうちにお客様の信頼を得て、また、私自身もその方に信頼を寄せるようになるということです。最初のうちは商品についての質問やお買い物の相談であった内容が、接待やプレゼン、出張といったビジネスシーンに合わせた服装など、より具体的な質問をいただくようになっていきます。さらに、ご家族の大切なイベント、ライフスタイル全般にわたる細かなお悩みを相談いただくことも。こんなふうに、信頼関係が築かれると、質問内容は、「モノ」から「コト」に移っていきます。

これまで、お客様からいただいた多くの「モノ」についての質問には、２０１１年刊の拙著『成功する男のファッションの秘訣60』をはじめ、これまで刊行した３冊の本の中で、ある程度お答えできたと思っています。ですので、今回は既刊の中で書けなかった「コト」についての答えをまとめることにしました。

これまでの30年で、たくさんの声を寄せていただき、お客様のライフスタイル全般に寄り添うことで信頼関係を築いてきました。本書は、私を信頼してくださるお客様と実際に向き合い、会話をするように、質問に答える形式にしています。この本を通じて、多くの男性が抱える〝ビジネススタイルに関するお悩み〟の解決に、お役に立てれば幸いです。

最後に、今回もこの本を書くチャンスとアイデアを与えてくれた編集者の角田多佳子さん、ライターの島端麻里さん、過密スケジュールの中、全力でサポートしていただき、心から感謝いたします。

２０１８年5月

宮崎　俊一

宮崎俊一（みやざき・しゅんいち）

1965年北海道生まれ。1989年株式会社松屋入社。96年より紳士服バイヤーとして活躍。独学でイタリア語を習得して生地の買い付けに出向き、国内の仕立て職人とともに作る「丸縫い既製スーツ」が人気を集め、その品質の高さでアパレル業界を驚愕させた。バイヤーとして多忙な日々を送る傍らIFIビジネス・スクール、青山学院大学、首都大学東京、東京経済大学、横浜市立大学においてファッションビジネスのカリキュラムで講師も務める。著書に『成功する男のファッションの秘訣60』『成功している男の服選びの秘訣40』『ビジネススーツを格上げする60のルール』（全て講談社）がある。

松屋銀座／東京都中央区銀座3-6-1　電話／03-3567-1211（大代表）
http://www.matsuya.com/m_ginza/

ブックデザイン　小口翔平＋山之口正和＋岩永香穂（tobufune）
イラスト　高橋 潤
編集協力　島端麻里

明日《あした》のスーツ、いつもと同《おな》じでいいの？
ビジネスマン「身《み》だしなみ」向《こう》上《じょう》委《い》員《いん》会《かい》

2018年 5月23日　第1刷発行

著者　宮崎《みやざき》 俊一《しゅんいち》

発行者　渡瀬 昌彦
発行所　株式会社 講談社
〒112-8001 東京都文京区音羽2-12-21
編集 03-5395-3529
販売 03-5395-3606
業務 03-5395-3615
印刷所　慶昌堂印刷株式会社
製本所　株式会社国宝社

ISBN978-4-06-221086-7